聚焦国旗下课程

——看社会主义核心价值观如何进校园入课堂

李唯 编著

天津出版传媒集团

天津教育出版社

图书在版编目（ＣＩＰ）数据

聚焦国旗下课程：看社会主义核心价值观如何进校园入课堂 / 李唯编著. — 天津 : 天津教育出版社，2018.3（2019.11重印）

ISBN 978-7-5309-8156-6

Ⅰ. ①聚… Ⅱ. ①李… Ⅲ. ①社会主义建设－价值论－中国－中小学－教材 Ⅳ. ①G631.2

中国版本图书馆CIP数据核字(2018)第066737号

聚焦国旗下课程——看社会主义核心价值观如何进校园入课堂

出 版 人	黄 沛
编 著	李 唯
选题策划	齐 力
责任编辑	齐 力
装帧设计	郭亚非
出版发行	天津出版传媒集团 天津教育出版社 天津市和平区西康路35号 邮政编码 300051 http://www.tjeph.com.cn
经 销	新华书店
印 刷	嘉业印刷（天津）有限公司
版 次	2018年5月第1版
印 次	2019年11月第2次印刷
规 格	32开（880毫米×1230毫米）
字 数	160千字
印 张	8.75
定 价	28.00元

序
中小学德育课程的创新典范

□ 班 华

2015 年 12 月，我有幸参加了"全国中小学德育课程创新实践展示会——看社会主义核心价值观如何进校园入课堂"。这次活动是由中国教师报、深圳市宝安区教育局共同主办，深圳市滨海小学承办的。

滨海小学之所以可以承办此次会议，主要是滨海小学李唯校长从 2008 年开始推行的"国旗下课程"，经过多年的实践，已经形成了"校长主讲——主题班会——家庭讨论——感悟实践"四段式德育课程。这一课程把传统的国旗下讲话变为体系化的国旗下课程，把社会主义核心价值观引入课堂中，科学地整合到德育课程体系中，润物细无声地影响着学生的人格发展，其创新性和实效性已成为全国中小学德育的一面旗帜。《人民教育》《中国教育报》《中国教师报》《中小学管理》均做过推介，全国许多学校也竞相到滨海小学参观学习。2012 年，李唯著《国旗下课程》由教育科学出版社出版，书中对开展"国旗下课程"做了理论和实践两方面的阐述以及深入的思考。2011 年，我曾到滨海小学了解"国旗下课程"开展的情况。读了李唯校长的这本书后,我对滨海小学的办学理念和"国旗下课程"有了更加全面的了解。之后我写下了《全新的办学理念 独创的国旗下课程》一文(发表在《中小学德育》2012年第四期),表达了我对国旗下课程的高度认同。我一直有一个愿望:亲自参加一次滨海小学升旗仪式,亲自聆听李唯校长的国旗下讲话。这次展示活动,让我实现了这个愿望,我真高兴! 通过这次展示活动,我对国旗下课程有了更多的了解,也有了更多的感悟。

2017年9月,李唯校长离开了她一手创办且担任了十年校长的滨海小学,转任新建学校红树林外国语小学校长,又开始在红树林小学开展新一轮的国旗下课程的探索与实践。她的这种教育人永远在路上的进取精神让我很钦佩。

我崇敬国旗下课程,国旗下课程是独特的创新型课程,是全面教育的课程,是生命教育的课程,是成人与儿童共享的课程,是中小学德育课程的创新典范。

独特创新型课程

我在小学生、中学生年代,参加过无数次升国旗仪式,也听过校长或有关校领导讲话,但没有产生如同滨海人和红树林人"期待着每一个周一"那样的心情。如今,各个中小学制度规定中仍然都有升旗仪式,但没有听说过把这项活动作为一门课程加以实施与研究的。李唯校长为了提高这项活动的教育实效,便和老师们一起,把它作为一门课程来研究、来实施。李唯校长把学校的办学理念作为设计、实施国旗下课程的指导思想,突破了空间和时间的限制,把课程延伸到家庭中和社区活动中,让家长、教师、学生携起手来共同成长。

我之所以要用"独特"和"创新"来描述国旗下课程,是因为与中小学教学计划所规定的学科课程比,国旗下课程确实是一种新型课程,确实有不少独特之处。

"国旗下课程"中的"国旗下"有着丰富的教育意蕴,概括地说,那便是爱祖国,好好学习,成长为对祖国有用的人才!

课程的性质属校本课程。这是以学校办学理念为指导,反映学校教育文化特色的课程。

课程的内容,不是教学计划预先规定的,而是来自学生生活又回归学生生活的;是依据学生发展的需要而制定《"国旗下讲话微课程"课程标准》并实施的。课程的内容,不仅仅是国旗下讲话的显性的教育内容,而且包括"升旗仪式"这一特定场景,包括特定的环境、乐曲、氛围等隐性教育内容。正是这样的仪式长年累月熏陶着、感染着每个参与者。

课程的实施,不是以班级为单位进行的,全校学生和老师、学生家长都是参与者和学习者。序曲—正曲—尾曲构成了完整的课程教育链。这是富有魅力,让人们期待、让人们享受的教育课程!

国旗下课程,作为一类定型的课程,其影响早已拓展到全国许多地区和学校。河北沧州、山东胶州、内蒙古鄂尔多斯等地的很多学校,都成为参与国旗下课程课题研究的学校。沧州各小学根据各自情况,实施国旗下课程。有的学校该课程效果非常好,校长的影响力明显提高,学生良好品行也得到培养。沧州实验小学的3800名学生中,1/3的孩子需乘公交车上学,乘车时各站点秩序混乱且存有安全隐患,学校结合国旗下课程开展了争做"博雅少年"主题活动。"博雅少年",多么美丽!连学校保洁员也参与到活动中来了。学校与公交公司合作,通过活动引导学生做到了文明乘车。鄂尔多斯市东胜区第七小学在学习滨海小学国旗下课程中,创造性地纳入了少数民族传统风俗、民俗文化,丰富了国旗下课程内容,为国旗下课程增色,从而形成了具有民族特色的国旗下课程。

全面教育的课程

开始,我把国旗下课程作为新型德育课程理解。这是对的,但却是很不全面的。国旗下课程既是德育课程,又是智育课程、美育课程,也是体育课程。正因为如此,更彰显了国旗下课程的独特性、创新性。

国旗下课程作为德育课程是很容易理解的,各个学校首先是把它作为德育课程实施和研究的。对此不需多说。

为什么说它也是智、美、体教育课程，这在李唯著作中都有反映。我们只需从她著的《在国旗下种下一颗童年的种子》一书中举一些实例就可说明了。

关于智育课程。有的毕业生回忆说：国旗下课程"给了我课堂上学不到却同样重要的知识。""在滨海小学的两年里，我收获的除了知识的积累、校园生活的快乐之外，更多更宝贵的是心智的成长！"一个五年级学生说：有一次国旗下讲话的主题是"学习贵在积累"，我把校长的话"运用到了学习中，我专门准备了一个'课内笔记本'"。他们懂得"学习，是我们自己的事。"

关于美育课程。一位2011届毕业生回忆国旗下讲话时写道："在嫩粉色的春季，我们不仅收获到候鸟的吟唱，亦收获到'春种一颗粟，秋收万颗籽'的至理名言……在生机勃勃的春季，我们不仅仅收获到拂面而过的轻柔，亦收获到'拾金不昧''助人为乐'的好习惯。"他们还收获到"锲而不舍，金石可镂""助人为乐，手有余香"等名言警句，体悟到"句句良言伴我行""讲文明从身边做起"等道理。所有这些收获，都是因为他们接受了美的熏陶，使行为美、心灵美。正如一位家长称赞的那样，国旗下课程是"德育美育的示范田"。

国旗下课程也是体育课程。健康内涵包括躯体的、心理的、社会适应方面的。这里我们主要指躯体健康或生理健康。国旗下课程在健康自觉方面要求学生能充分认识健康的重要性，关注健康，养成良好的健康习惯。国旗下讲话中,还有教导学生注意安全,防止意外事故伤害的内容。五年级一个学生说,一次国旗下讲话的主题"不怕一万,就怕万一"给自己印象很深,一次溜旱冰没有戴护具,受了伤。

生命教育的课程

2017 年 9 月,李唯转任红树林外国语小学校长,提出"激扬生命,自觉生长"的办学理念,这一理念和她在滨海小学提出的"珍视童年价值,培育生命自觉"的教育思想是一脉相承的。其实质就是生命教育的理念,在这一教育理念指导下的国旗下课程,都是生命教育课程。

珍视童年价值就是珍视人的生命价值,激扬生命就是彰显人的生命价值! 蕴含了这样的教育理念的国旗下课程,必然是充满爱的,是理性与情感融为一体的生命教育课程。培育生命自觉就是要促使儿童自觉生长。促使儿童理解生命本质,理解生命的意义、价值,理解生命成长发展的规律和特点,努力做最好的自己。李唯校长创立的国旗下课程是充满教育爱的,是遵循儿童发展规律、符合教育原理的,是充满童真、童趣,富有魅力的诗性的生命教育。

成人与儿童共享的课程

朱永新教授倡导"过一种幸福完整的教育生活",我很赞赏朱教授的这一教育思想。参与国旗下课程的人们,正享受着这样的教育生活,我钦仰这美好的教育生活!教育的目的是人生幸福。获得人生幸福不应仅仅是教育的结果,教育过程也应是享受幸福的过程,这才是幸福完整的教育生活。

我用"成人与儿童共享的课程"来表达我对国旗下课程的赞美,因为国旗下课程,包括其进行过程,都是一种享受幸福的教育课程;因为国旗下课程是"校长主讲—主题班会—家庭讨论—感悟实践"四段式构成的完整的教育链,随着时间与空间的拓展、参与者—学习者的拓展,享受这一教育课程的人就更多了。与通常教学计划规定的课程不同,国旗下课程"不是以班级为单位实施的,全校学生和老师、学生家长都是参与者和学习者"。也就是说,这是成人与儿童共同参与、共同学习的课程,即成人与儿童共同享受的课程!

学生们实现童年价值,享受儿童时代的"欢乐、和平、游戏、学习和生活"。

老师们实现自己的职业价值,享受教育服务的过程,也享受继续学习,享受持续发展。

家长们实现自己作为父母的价值,享受学习,享受亲情,享受天伦之乐。

老师、学生、家长们都赞赏国旗下课程,他们写道:"以生命自觉精彩我的人生""生命自觉文化在国旗下成长""刻在记忆里的升旗仪式""我心中美丽动听的旋律""成长路上最美好的回忆""最美的声音""我的心理营养剂""人生的课堂""激动人心的课""最美好的亲子时光""我们心灵的加油站""与你同行是我的骄傲"……

我崇敬和赞赏国旗下课程! 李唯校长邀请我为她编著的《聚焦国旗下课程》作序,我欣然同意。此著作是对国旗下课程内容和实践的进一步归纳总结,是对国旗下课程形式与本质的深入凝练升华,它使独特创新的国旗下课程具备了更强的可操作性和普遍的推广意义。

我崇敬和赞赏国旗下课程!

我衷心祝愿国旗下课程越来越精彩!

是为序!

【班华,南京师范大学教育科学学院,资深教授】

目　录

一、聚焦国旗下课程的形式与本质

随着社会经济的发展,受社会多元化的影响,当代学生的人生观、价值观也出现了多元化、复杂化倾向。教育是塑造灵魂的工程,教育对人的主要影响不在知识,而在精神,在正确人生观、价值观的树立。德育是学校教育的灵魂,引导学生树立正确的价值观是德育的重要目标。

党的十八大提出,倡导富强、民主、文明、和谐,倡导自由、平等、公正、法治,倡导爱国、敬业、诚信、友善,积极培育和践行社会主义核心价值观。社会主义核心价值观为学校德育指明了方向,用社会主义核心价值观引领学生思想,将社会主义核心价值观贯穿德育工作的始终,提升学校德育水平和实效,显得尤为重要。

滨海小学的国旗下课程历经八年实践,是在小学阶段开设的一门以社会主义核心价值观为导向,以学生现实生活世界为基础,以学生良好品德形成为核心,促进学生综合素养全面提升的综合课程。

（一）国旗下课程的生成

1. 从"讲话"到"课堂"

2007年,学校开始了全新的教育实践。学校开办伊始就确立了"珍视童年价值,培育生命自觉"的办学理念,为了实践这一办学理念,学校通过一系列变革措施,建立起了良好的机制和平台。在实践变革的过程中,学校目光也投向了所有师生习以为常的国旗下讲话。

长期以来,国旗下讲话一直是中小学德育的一种固定活动,活动的形式和讲话的内容也逐渐模式化。同其他学校一样,滨海小学在建校之初,每周一早晨也会组织全校师生参加学校组织的升国旗仪式,国旗升完之后,是例行的教师主题讲话。这个阶段的国旗下系列可以称之为"国旗下讲话"。表面看,国旗下讲话内容全面丰富,涉及安全、品德、学习各个方面,而只要深究下去,其中弊端凸显。同其他大多数学校一样,讲话主题集中,人员集中,但学生的思想并不集中。有的学生站在操场上,虽能保持安静,但面孔茫然;有的甚至交头接耳、伸手踢腿。教育效果之差可想而知! 原因何在? 我认为至少有三个方面的原因导致了这样的结果:一是照本宣科,泛泛而谈;二是脱离实际,无针对性;三是形式单一,流于表面。

学校主要通过三个方面的转变作为国旗下讲话的变革路径。

一是说的方式的转变。由单向的说变为互动式的说，训导式的说变为指导式的说，命令式的说变为关怀和理解的说，从根本上改变讲话所包含的那种盛气凌人与咄咄逼人，改变讲话所携带的权威意识甚至恐吓口气。这一点非常重要，因为说话方式的变化，使得国旗下讲话在表达方式上突然具有了"课堂"的含义，"课堂"气息来了，教育气息也就重了。

二是说的内容的转变。散乱的主题要开始慢慢集中，在选择主题的时候，主要考虑三方面的原则：尽量从学生们的身边来，尽量同当下相呼应，内容尽量丰富。因此国旗下讲话不再围绕某种说教和规章制度展开，而是走向学生，面向时代，开始在时代的浪潮里寻找力量、道德、文化、品质的素材，在学生的日常生活中发现言说的必然。这一转变是完全基于学生的，从教育的目的到教育素材的时代感都围绕学生而转。

三是说的主体的转变，演讲的主体从教师转移至校长并不是剥夺了教师的主动权，而是从为了解决分散不集中这一弊端出发，把教师解放出去，同时把校长融入进来的一个过程。校长作为学校的领导者，应该在教育之中，而不是在教育之外。校长是学校的精神领袖，对学生有极大的影响力，但校长却不可能到每个班去上课，国旗下课堂提供了一个校长给全校上课的大课堂，从而发挥校长应有的影响力。同时校长是学校办学理念的阐释者,这样一个面对师生同时开展的大课堂也可成为贯彻落实学校办学理念的重要平台。正因为如此,八年来,学校一直坚持每周一次国旗下讲话,即使碰上周一下雨,也会坚持在室内利用校园电视台举行室内升旗仪式,直播国旗下讲话。

这三个转变使单纯的国旗下讲话转变为互动的国旗下课堂。

2. 从"课堂"到"课程"

国旗下课程在国旗下课堂的基础上做了哪些拓展和创新呢?

首先,拓展了参与主体。学校教育是一个包括校长、教师、学生和家长,以及其他社会关系在内的整体,是一个系统,要想发挥教育的最大功效,就必须是他们共同参与。国旗下课程不是一个围绕校长的课程,而是围绕学生的课程,在这个课程共同体中校长、教师和家长都能够在其中找到自己的位置,发挥自己的作用。

其次,丰富了参与形式。主体进来只是第一步,还需要在课程中把他们串起来,每个主体的作用各不相同,他们都有自己的角色和经验,地点从国旗下扩展到教室,甚至扩展到家庭;时间从周一早晨扩展到周一下午,甚至一周,再或是把整个学期都纳入其中;其他形式的学校活动同国旗下课程逐步建立联系。

最后,整合了参与元素。整合后的国旗下课程应该是一个考虑到人、物、景、事、地点和时间的大课程,它不仅仅调动了人的主动性,更是强调人所处的环境,周围的物理空间,不同的时间节点应该做什么事情,这样一个全新的视角为我们的课程构思和课程展开打开了窗户,也打开了创新的思维。

国旗下课堂转变为国旗下课程,是对国旗下讲话的全新解读和全新探索。它也代表了用课程的眼光看待国旗下讲话,用课程改造国旗下讲话,用生命自觉教育理念丰富国旗下讲话。

(二)国旗下课程的本质

国旗下课程的展开坚持从儿童自身出发、从教育规律出发、从课程结构出发。正是基于上述三个原则,把国旗下课程的形式从时间、空间、人物、事件这样四个维度进行扩展。在时间维度上,国旗下课程不仅仅是指周一早上,它应该贯穿到周一全天,甚至可以继续延伸到整个一周;在空间维度上,国旗下课程不仅仅是在国旗下,操场上,它还包括班级里,家庭中,甚至社会上;在人物维度上,国旗下课程不仅仅包括校长,还包括教师和学生,甚至包括家长;在形式维度上,国旗下课程不仅仅包括讲话,还包括讨论、总结和对话。至此,国旗下课程中的"国旗下"只是某种名词上的延续,它继承了过去的一种表达方式,但是其内涵和外延都已经发生了很大的变化,极大地丰富了自身。按照先后顺序,国旗下课程大致可以分为三个部分,我亲切地称之为国旗下课程三部曲。

1. 序曲

周一的早晨,全校师生欢聚一堂,入场、列队、升旗,然后是讲话。我尽量使自己远离一个训导者的角色,而是作为一个教育者、贴心人,和学生们进行真诚的交流和互动,清楚地向他们传递着我对他们的某种期待。学生们可以登上升旗台自由地表达自己的观点,并对我说的内容做出他们自己的判断和评价。但序曲仅仅只是起到了抛砖引玉的作用,还需通过正曲让学生们有机会讨论和思考,进一步把学生们引入思维的正曲。

2. 正曲

周一下午班会课。班主任老师围绕早上的国旗下讲话的主题展开,通过各种活动形式,组织学生对早晨还没有消化的内容进行思考和沉淀。让学生能够对早晨可能有的那种震撼、同情、愤怒、快乐、理解、赞同等重新梳理,重新沉思,在讨论和碰撞中表达自己的观点,发表自己的看法,说出自己的疑问,并得到一定程度的解答。中、高年段的班级,班主任甚至大胆启用学生来担当主持人,组织全班同学讨论。学生包揽了黑板上的主题词书写、主题画的布置，甚至还利用午休时间搜集材料制作精美的PPT。老师在小主持遇到"难题"不会处理时，便适时地出声纠正偏颇的看法，引导学生们在潜移默化中树立正确的是非观和积极的人生观。正曲让序曲部分真正转变为某种经验，师生共同在理智、思维和判断的条件下重新温习一次。

3. 尾曲

学生下午放学回到家，向家长讲述早晨校长讲的故事，讲述下午班会课讨论的过程、同学的观点、自己的观点、自己的认知态度，并询问家长的态度和观点，同家长展开讨论。然后学生再把自己这一天的感悟记录在自己的国旗下感想本上。尾曲就这样很自然地把家长引入教育场地中来，促进了家长和孩子的共同体验、共同成长。

国旗下课程三部曲形成了一条完整的教育链。（如下表所示）学生们开始期待每周一早晨听校长讲故事，争先恐后地登上升旗台发表自己的观点。班会课上，即便是那些在学科学习中并不出色的同学也表现雀跃，他们表达之流畅、观点之独到常常让老师们感到惊喜。在批阅学生们所写的国旗下感想时，老师们感慨学生们的写作水平有了长足的进步。家长们通过和孩子们一起讨论国旗下的话题，找到了和自己孩子沟通的有效方式。国旗下课程的三部曲始终都是一个完整的链条，不能断裂，在每个不同的阶段都有不同的时间、不同的地点、不同的人物,发生不同的事件,共同组成了国旗下课程,在每一个阶段都去坚持三种视角:儿童的视角、教育的视角和课程的视角,使得国旗下课程能够以一个完整的、系统的姿态展现自己。

表　国旗下课程三部曲

	时间	地点	人物	事件
序曲	周一早晨	操场国旗下	全校师生	升国旗、讲话
正曲	周一班会	班级课堂	全班同学	讨论、思考
尾曲	晚上回家	家庭	家庭成员	复述、讨论

二、聚焦国旗下课程的内容与实践

（一）梦想愿景篇

1. 一颗糖果的诱惑

·国旗下故事·

　　大约在三十多年前，美国著名心理学家戈尔曼来到斯坦福大学附属幼儿园。他找了一批四岁的孩子，把他们带到一间空房子里，然后给他们每人一颗包装精美的好吃的软糖。他同时告诉孩子们：如果马上吃，只能吃一颗糖；如果等20分钟后再吃这颗糖，就可以额外再得到一颗糖，吃到两颗糖。说完，戈尔曼就离开房间，躲在一边悄悄观察孩子们的动静。他发现有的孩子只等了一会儿便迫不及待地把糖塞进了嘴里；而有的孩子则很有耐心，闭上眼睛或头枕双臂做睡觉状；也有的孩子用自言自语、唱歌、做游戏、讲故事等消磨时光的方式来转移注意力以克制自己的欲望，最终坚持到戈尔曼回来，得到了第二块糖。戈尔曼随后又分别在这批孩子 14 岁时和进入工作岗位后的表现进行了跟踪调查，结果发现那些以坚韧的毅力获得两颗软糖的孩子，到上中学时的数学或语文成绩要比早吃糖的孩子平均高出 20 分，表现出较强的适应性、自信心和独立自主精神，而且意志坚强，禁得起困难和挫折，更容易取得成功；而那些禁不住软糖诱惑的孩子则往往屈服于压力而逃避挑战。那些能等待并最后吃到两颗软糖的孩子，到了青少年时期仍能等待机遇而不急于求成。而那些急不可待只吃了一颗软糖的孩子，到了青少年时期表现得比较固执、虚荣或优柔寡断。这就是著名的"延迟满足"实验。

　　这个实验让我们知道，自我控制能力对一个人的成长起着非常重要的作用。从小注意培养自己的控制力，才有可能在长大以后获得成功。也许你经常遇到这样的情况：放学回家了，本来打算做作业，但是又想看好看的动画片，怎么办呢？星期天想帮助妈妈做家务，但同学又叫你出去玩，怎么办呢？从这个实验中，我们应该获得这样的认识：培养自我控制能力，做出正确的选择。

·课堂讨论·

（1）你本来打算做作业，但是又想看好看的动画片；星期天你本来想帮妈妈做家务，但同学又叫你出去玩……遇到类似的事情时你是怎么做的？说说你的经历。

（2）从"延迟满足"实验和其他同学的经历你得到了什么启发？

（3）你有什么好的方法可以挡住诱惑、增强自我控制能力？与同学们分享一下吧。

·课后实践·

（1）请结合实际，写写你对"延迟满足"的感悟。

（2）请在你的同学、朋友中做个调查，完成下面表格。

姓名	经历的最大诱惑	如何克服	他的感言

（3）请你也设计一个"延时满足"的实验，记录实验的过程与结果。

2. 心动不如赶快行动

·国旗下故事·

做一个品学兼优的好学生应该说是每一个孩子的梦想，因为这样我们不仅能学到本领，还能够得到爸爸妈妈和老师的夸奖。所以我相信你们每一个人都会不止一次地对自己说：我一定要上课认真听讲，按时完成作业，努力学习，考试考出好成绩。有些同学是这样想的，也是这样做的，所以他们得到了他们想要的结果——获得了好成绩。但有些同学却只是这样想的，却没有这样做。也就是说他们没有把想法付诸行动，结果自然无法获得理想的成绩。在西方，有一个流传了很久的故事。说的是有一个人，看见别人买彩票中了大奖，内心非常羡慕。于是，他就跑去教堂祷告："上帝啊，请您让我中一次奖吧！"一天、两天，一个月、两个月过去了，他每天都虔诚地祈祷着，但却始终没有中奖。终于他在某一天祷告时，忍不住发牢骚了："上帝啊，我如此虔诚，每天祷告，您听见了吗？"这时一个声音传来："我早就听见了！"于是这个人有些愤愤不平："您听见了，为什么不让我中一次奖呢？"这个声音又传出来:"我听见了,可是你至少要买一次彩票啊!"

这个故事告诉我们,心动不如赶快行动。当我们有梦想渴望实现的时候,帮助我们实现梦想的唯一方法就是要把梦想付诸行动。没有行动的梦想只能成为空想。而我们很多的同学希望获得好的成绩,但在平时学习的过程中却不努力或者是不够努力,所以自然无法获得好成绩。这就像渴望中奖却不去买彩票一样,都是只想收获不想耕耘,结果自然是梦想成空。

可见,实现梦想的关键就是行动。心动不如赶快行动。我们所有美好的梦想都需要付诸切实的行动才能够得以实现。让我们立即行动起来,让我们所有的梦想在我们的行动中一步一步地成为现实。

·课堂讨论·

(1)你想成为品学兼优的好学生吗?你愿意为此付出怎样的行动?

(2)你身边有品学兼优的同学吗?他们付出了怎样的努力?

·课后实践·

(1)请结合实际,写写你的感悟。

（2）请填写下表。

在你的生活中,有哪些事情是你想到就立刻去做的,有哪些事情是你想到了却一直没有做的。

序号	事情	完成了,怎么做的	没完成,原因是什么
1			
2			
3			

（3）你现在想做什么？请立刻行动吧。

3.做最好的自己

·国旗下故事·

张海迪五岁时因患脊髓血管瘤,高位截瘫。她因此没进过学校,童年起就开始以顽强的毅力自学知识,先后自学了小学、中学和大学的专业课程。她十五岁时随父母下放聊城莘县一个贫穷的小村子,但她没有惧怕艰苦的生活,而是以乐观向上的精神给孩子当起教书先生。她还自学针灸医术,为乡亲们无偿治疗,还当过无线电修理工。后来,张海迪自学多门外语,从1983年开始,张海迪创作和翻译的作品超过100万字。散文集《生命的追问》出版不到半年,已重印三次,获得了全国"五个一工程•一本好书"奖。张海迪身残志不残,坚信"天生我才必有用",通过自己的努力成为一个对社会有用的人。

2008 年 11 月 13 日,张海迪当选为新一届中国残联主席。消息传出,许多网友在"海迪博客"上留言祝贺:"海迪姐姐,我为你今天的成功而落泪。""海迪姐姐,我是听着你的故事长大的,你是我永远的榜样和动力。"张海迪的故事影响了许许多多的人。现实生活中很多人都喜欢和别人比高低。如果拿自己的优点与别人的缺点比,比出的可能是积极上进,也可能是沾沾自喜;如果拿自己的缺点与别人的优点比,结果,最好的永远是别人,最差的永远是自己,而且越比情绪越低落,越比越自卑消极。因此,倘若真要找一个比较对象的话,最好的人是自己。何必在意是否超越了别人,我们应在乎的是能否超越自己。因为,只有敢于不断超越自己的人,才有可能成为最好的自己。

有位哲人说过:"每个人都能成为天才。"因为在每个人身上,都隐藏着天才的因素,之所以平庸,只是因为潜力没被挖掘而已。只有你不断努力,并且充分挖掘了你自己的潜力,你就会出类拔萃,成为一个超越自己的人,成为最好的自己。

·课堂讨论·

（1）有位哲人说过："每个人都能成为天才。"你同意这句话吗？为什么？

（2）张海迪姐姐虽然瘫痪了，却做了很多正常人都做不到的事情，你认为原因是什么？

（3）请你说说怎样才能成为最好的自己。

·课后实践·

（1）请结合实际，写写你的感悟。

（2）找出自己的一个缺点（如做事拖拉、注意力不集中等），尝试改正并记录改正的过程。

（3）学唱《隐形的翅膀》这首歌，并用它来勉励自己。

《隐形的翅膀》

每一次都在徘徊孤单中坚强

每一次就算很受伤也不闪泪光

我知道我一直有双隐形的翅膀

带我飞飞过绝望

不去想他们拥有美丽的太阳

我看见每天的夕阳也会有变化

我知道我一直有双隐形的翅膀

带我飞给我希望

我终于看到所有梦想都开花
追逐的年轻歌声多嘹亮
我终于翱翔用心凝望不害怕
哪里会有风就飞多远吧

不去想他们拥有美丽的太阳
我看见每天的夕阳也会有变化
我知道我一直有双隐形的翅膀
带我飞给我希望
我终于看到所有梦想都开花
追逐的年轻歌声多嘹亮
我终于翱翔用心凝望不害怕
哪里会有风就飞多远吧
隐形的翅膀让梦恒久比天长
留一个愿望让自己想象

心情小贴士:

4. 成功贵在坚持

·国旗下故事·

苏格拉底是古希腊的大哲学家。一天,他对他的学生们说:"今天咱们只学一件最简单也是最容易做的事:先把你的手臂尽量往前甩,然后再尽量往后甩。"说着他自己示范了一遍。"从现在开始,每天甩臂300下,你们大家能做到吗?"学生们都感到这个问题很可笑,心想这么简单的事怎么能做不到呢? 于是,他们都齐刷刷地回答:"能!"过了一个月,苏格拉底问道:"每天甩臂300下,哪些同学坚持了?"有90%以上的学生骄傲地举起了手。两个月后,当他再次提出这个问题时,坚持下来的学生只有80%。一年后,苏格拉底再次问道:"请你们告诉我,最简单的甩臂运动,还有哪些同学坚持每天做?"这时候只有一个学生举起了手,这个学生名叫柏拉图,他后来成了古希腊的另一位大哲学家。

这个故事告诉我们,成功贵在坚持,成功需要持之以恒地不断努力。柏拉图正是做到了这一点,所以他成功了。一个有着坚强毅力的人一定会获得成功。其实,我们周围很多人同柏拉图一样,也是通过一次次锲而不舍的奋斗,才在工作、学习中取得了骄人的成绩。

·课堂讨论·

（1）回忆一下,这个学期开学至今,你迟到过吗? 原因是什么?

（2）请你列举生活中容易做到你却没有坚持做到的事情,并说说原因是什么。

（3）今后你计划坚持做好哪些事情?

·课后实践·

（1）请结合实际,写写柏拉图的坚持给了你哪些启示。

（2）做个小实验:和你的好朋友比单脚站,坚持到最后者胜利。

思考:

①坚持不下去的时候,你心里想什么?

_____

②坚持的过程很辛苦,坚持到最后的心情怎样?

_____

（3）请你坚持做你计划要做的事情。

（二）爱国爱家篇

1. 爱国，从身边的小事做起

·国旗下故事·

　　每周一的早上我们都在这里举行庄严的升国旗仪式，当鲜艳的五星红旗伴随着雄壮的《义勇军进行曲》在空中冉冉升起的时候，作为中华人民共和国的普通公民——我们滨海小学的每一位师生都从心底感到了骄傲和自豪：2008 年奥运会的成功举办和"神七"上天，都向世界证明了今天的中国正意气风发地走向繁荣、走向富强。

　　爱国，是一个人的基本素质。中国历史上涌现出许许多多的爱国人士，屈原、岳飞、文天祥、杨靖宇、赵一曼的爱国事迹我们耳熟能详，他们永远都是我们学习的榜样。那么在和平年代的今天，我们小学生又应该用怎样的行动表达我们的爱国之心呢？

　　爱国，要从我们身边的小事做起。

　　爱国，从唱响国歌开始。你会唱国歌，记得住国歌的歌词吗？每周一的升旗仪式上唱国歌，你能大声地唱出声音吗？

爱国,从孝敬父母开始。你能记得爸爸妈妈的生日吗?在家里,你能主动帮助爸爸妈妈做简单的家务吗?

爱国,从尊敬老师开始。上课的时候,你能认真听讲吗?老师批评你的时候,你能虚心接受并及时改正吗?

爱国,从锻炼身体开始。你能坚持每天一小时的体育锻炼吗?你能积极参加学校的阳光体育活动吗?

爱国,从努力学习开始。你每天都能按时上学,按时交作业吗?你能主动复习学过的内容,主动阅读课外书籍吗?

爱国,从爱护环境开始。无论在任何时间、任何地方,你都能做到不乱丢垃圾、不践踏花草吗?

爱国,从爱护公物开始。从图书馆借来的图书你能做到不折页并及时归还吗?教室里的墙壁、桌椅你从不乱涂乱画吗?

爱国,从友爱同学开始。你能和同学和睦相处吗?当同学有困难时,你能主动提供帮助吗?

……………

爱国是由具体的、细小的行为构成的。搀扶素不相识的老人过马路是爱国的,劝说爸爸妈妈在无车日不开车是爱国的……尽心尽职做好自己应该做的事就是最好的爱国。

爱国,让我们从身边的小事做起!

·课堂讨论·

（1）除了学校每周一的升旗仪式，你还在哪些场合见过升国旗？请你谈谈为什么那种场合要升国旗。

（2）每次看到五星红旗升起的时候，你的心情如何？

（3）爱国，你是如何从身边的小事做起的？

·课后实践·

（1）请结合实际，写写你对爱国的理解。

（2）请将你一个星期内做的"爱国小事"记录下来。

时间	事　情	你的感受

（3）爱国，从身边小事做起，不迟到也是爱国的表现。从现在开始记录自己不迟到的天数，看看自己能够坚持多久不迟到。

2.低碳生活,你关注并实行了吗?

·国旗下故事·

在 2009 年 12 月哥本哈根气候变化峰会上,中国领导人指出:气候变化是当今全球面临的重大挑战。遏制气候变暖,拯救地球家园,是全人类共同的使命。每个国家和民族、每个企业和个人,都应当责无旁贷地行动起来!

对于我们小学生来说,积极提倡并去实行低碳的生活方式,就是为拯救我们的地球母亲而做出的实际行动。那么什么是低碳生活呢?所谓低碳生活,就是指我们在生活中要尽量少地消耗能量,从而降低二氧化碳的排放量。那么如何才能降低二氧化碳的排放量呢?其实很简单,只要我们在生活中注意节水、节电、节气,我们离低碳生活就不远了。

(1)养成离开房间随手关灯的习惯。

(2)饭前便后洗手时要注意节约用水。

(3)空调的温度不要调得太低。

(4)楼层不太高时,要尽量走楼梯。

(5)出门尽量步行或搭乘公交车。

(6)纸张要双面打印,没使用完的作业本可以用作草稿。

（7）出外就餐不使用一次性筷子。

（8）减少看电视和使用电脑的时间。

当然，我们能做的不仅仅是这八条，我们还能做得更多。想想看，我们还能做哪些？

只要每个人都积极践行低碳的生活方式，我们就为我们的地球母亲尽一份力，为我们可以呼吸洁净的空气尽一份力。

·课堂讨论·

（1）请你谈谈对低碳生活的理解，用具体的景象来描述，比如人们去购物的时候都纷纷提着环保购物袋……

（2）刚刚同学们描述的那些景象，哪些是你已经做到的？哪些是你还需要努力改进的？

（3）除了文中的八条倡议，你还有什么低碳倡议？

·课后实践·

（1）请结合实际，写写你对低碳生活的理解。

（2）请完成以下"低碳生活调查问卷"，看看自己是不是"低碳达人"。

①洗完衣服的废水，你会怎么处理？

A. 倒掉　B. 储存起来冲厕所　C. 其他用途

②当你最后一个离开教室,你会把教室的灯、电扇或空调关掉吗?

 A.会　B.不会　C.不曾注意

③到商店或超市购物,你会随身带上购物袋吗?

 A.会　B.不会　C.有时会

④出门你会选择什么交通工具?

A.公交车　B.出租车　C.看哪种方便

⑤在炎热的夏天,你在家里休息时一般把空调调到多少度?

A.26℃或以上　B.20℃~25℃　C.16℃~20℃

⑥时间允许的情况下,你是否会尽量步行或乘坐公交出行?

A.会　B.很少会　C.几乎不会

⑦您认为冰箱中存放的东西占冰箱容积的多少为宜?

A.100%　B.80%　C.60%

⑧你出门就餐会怎样选择餐具?

A.自带餐具　B.外面提供的消毒餐具　C.使用一次性餐具

⑨你经常双面使用纸张吗?

A.经常　B.偶尔使用　C.几乎没有

(10)生活垃圾,你会主动分类丢入垃圾箱吗?

A.会　B.不会　C.偶尔会

(3)请你做"低碳环保小卫士",并时刻提醒身边的人做到低碳环保。

3.垃圾是不会被骂进垃圾桶的

·国旗下故事·

在一所大学阶梯教室里,一场演讲会即将开始。主讲人是一位非常有名的教授,演讲的宣传海报两天前就贴出去了。离开讲还有十分钟,学生们纷纷进入会场,在他们跨进会场的一瞬,不约而同地发现脚下有一块香蕉皮,在抬腿避开时,都不忘埋怨两句:是谁这么缺德?乱扔垃圾!组织者是怎么搞的?卫生都没搞好。现在的人,什么素质?大家抱怨着跨过那块香蕉皮,坐到自己的位置上,静等着教授的光临。

几分钟后,教授准时到达。他也发现了地上的香蕉皮,但他没有像同学们一样跨过去,而是扶了扶眼镜,走上前去仔细端详那块香蕉皮。教室里顿时安静了下来,大家都抻长脖子,看教授究竟想干什么。只见教授手指着那块香蕉皮,勃然大怒,大声地骂道:"你这块香蕉皮,你怎么可以待在这个地方呢?你应该是在垃圾桶里睡觉呀!你怎么这么没有公德心、没有环保意识,要是有人踩到你摔伤怎么办?你太不像话了!"愤怒让他的眼镜在鼻梁上跳动着,让人一下子想起被小事激怒的唐老鸭,听众席上顿时传来一阵阵笑声。教授没理会,继续愤怒,对着香蕉皮继续发火。

听众席上,有学生不耐烦了,大声说:"算了吧！教授,别费力气了,你不可能把香蕉皮骂进垃圾桶的！"教授听了,突然转过头来,满面红光地笑了,并伸手把香蕉皮捡起来,放进讲台旁的垃圾桶里,用纸巾擦擦手说:"刚才那位同学说什么？能再说说吗？"教室顿时静了下来,没人说话。教授说:"我听见了,你不可能把香蕉皮骂进垃圾桶的！这就是我今天晚上演讲的题目！"这时,墙上的大屏幕上开始播放同学们刚才入场时的镜头,同学们千姿百态地跨越香蕉皮,版本各异的埋怨声清晰地传了出来。大家最初哄笑着,慢慢变得鸦雀无声。教授说:"这是我特意安排的一个环节,我想给大家讲的道理,其实你们已明白并喊了出来。但对你们来说,明白道理是一回事,而用道理指导自己的行为,却又是另外一回事！我相信,在座的几百名同学,没有一个人不懂得香蕉皮是骂不进垃圾桶的,但大家却没有弯腰把香蕉皮捡起来扔进垃圾桶。大家普遍缺乏动一动手,以举手之劳去改变现状的行为。"

在生活中,也会有地面有垃圾的现象,很多人习惯性抱怨地面太脏,却从未想过随手捡起自己身边的垃圾。如果大家都在埋怨,却都不愿意身体力行去做事,如果责任永远在别人身上,而自己永远都只是做埋怨的那个人,那么我们的环境永远难有变好的那一天。

社会的每一分进步,需要每一个人付出行动。只要人人做到不乱扔垃圾,这个世界就少了无数污染源;如果人人都能将自己身边的垃圾清理掉,世界就干净了无数分;如果一个人的行为感化并带动了一个人,那么世界上又多了一分干净的原因。

·课堂讨论·

(1)看看你周围是否有垃圾? 为什么会有?

(2)你曾有过对垃圾视而不见的经历吗? 说说你当时的想法。

(3)怎样才能做到"垃圾不落地"?

·课后实践·

(1)请结合实际,写写如何保持校园整洁卫生。

(2)请准备一个随身携带的小袋子,一有垃圾就扔进去。

(3)请马上把教室和个人课桌卫生整理一遍。

(4)请实地调查本年级每个班教室的卫生情况,投票评选出本年级的"最整洁教室"。

4. 明天,我们走路去上学!

·国旗下故事·

网上有这么一篇文章,文章中写道:"2000 年来深圳的时候,最吸引我的是这里的蓝天白云、清新的空气、一尘不染的地面和整洁的街道,而今在深圳我们看到的是无处不是车,到处是拥挤的人、拥堵的道路……给环境带来了严重的污染。"

汽车在给我们的出行带来便利的同时,汽车尾气的排放也严重污染了我们呼吸的空气。

世界上第一辆车诞生在 1886 年的德国。113 年后,深圳汽车的数量早已突破 100 万辆。如果按每辆车 4 米计算,其总长度可达到 4000 千米。深圳现有道路 2574 千米,如果所有车辆同时上路,首尾相接几乎可以绕所有道路两圈。

1998 年 9 月 22 日,法国一些年轻人最先提出"In Town,Without My Car!(今天我在城里不开车)"的口号,希望平日被汽车充斥的城市能获得片刻的清净。当时法国环境部长瓦内夫人倡议开展"无车日"活动。一年后,1999 年 9 月 22 日,被确定为世界第一个"无车日"。2001 年,成都成为中国第一个举办无车日活动的城市,2007 年全中国包括深圳在内有 108 个城市参与"无车日"活动。

"无车日"实际上是一种绿色交通理念,倡导大家尽可能选择步行、自行车、公共交通等绿色出行方式。

 ·课堂讨论·

(1)请你在文中找出"世界无车日"的由来。

(2)你喜欢"无车日"吗? 为什么?

(3)如果天天都是"无车日"会对你的生活带来什么影响?

(4)只是"世界无车日"不开车就能改善空气质量吗? 谈谈你的看法。

 ·课后实践·

(1)请结合实际,写写"无车日"给你的感悟。

(2)查阅资料了解汽车尾气的危害。

(3)为了让更多的人了解并参与到"无车日"活动中,请你拟出两条合适的宣传标语。

_____

_____

_____

_____

（三）文明教养篇

1. 好习惯成就好人生

·国旗下故事·

美国有个著名的"福特汽车公司"，福特是公司老板的名字。当年，年轻的福特刚刚大学毕业，他选中了一家汽车公司去应聘。可是到了这家公司，福特顿时感觉自己没希望了，因为和他同时去应聘的几个人都比他学历高。福特心想：既来之，则安之吧！好歹我也要试试，于是他忐忑不安地走进了董事长办公室。

一进办公室，福特就发现地上有一张废纸，他弯腰捡了起来，把废纸扔进了纸篓，然后才径直走到董事长的办公桌前，说："我是来应聘的。"这时，董事长笑着对他说："很好，很好！福特先生，你已被我们录用了。"福特惊讶地说："董事长，我觉得前几位都比我好！你怎么把我录用了？"董事长解释说："福特先生，前面那三位学历的确比你高，而且仪表堂堂，但是他们都没有看见地上的废纸，而只有你看见了，把地上的废纸捡起来扔进废纸篓看似是一件小事，却反映了一个人的行为习惯和文明素养。我认为，只有像你这样的人，将来才能成大事，所以，我要录用你！"福特就这样进了这家公司，从最普通职员做起，一直认真勤勉地工作，后来做了这家公司的总裁，最终成为公司的老板，并把这家汽车公司改名为"福特公司"，而且使美国汽车产业在世界独占鳌头。这就是今天扬名天下的"美国福特公司"创始人福特的故事。

福特的故事告诉我们，文明绝不是小事，它关系到一个人的素质和修养，关系到一个人的成功，还会影响到你人生的道路。可见，从小养成文明习惯，事关重大。我们要踏踏实实地从身边每一件小事做起，以滴水穿石的功夫，养成自己良好的文明习惯。

·课堂讨论·

（1）你认为福特被录用的原因是什么？

（2）在参加学校组织的活动时，你会把垃圾处理好吗？

（3）谈一谈，怎样从身边的小事做起，养成文明的习惯？

·课后实践·

（1）请结合实际，写写你对福特被录用的感悟。

（2）参与一次志愿者活动，如运动会时维持赛场秩序、六一儿童节维护场地卫生、当一次小小交通引导员……

（3）排练节目——三句半"好习惯"。认真听，思考：从这个三句半中你听出了要养成哪些好习惯？

好习惯

竹板一响台上站
我们四人来表演
给您说段三句半
好习惯

行为习惯自小养
良好习惯记心上
总结归纳面面广
慢慢讲

学习习惯排第一
课前预习记心里
上课听讲心神聚
要专一

遇到问题耐心想
给人解答心要细
完成作业靠自己
多审题

认真审题题意通

书写端正字迹清
做完之后找漏洞
细验证

书读百遍其意现
随手笔记很关键
积累知识若干篇
活神仙

学有榜样定目标
针对个人很重要
实事求是比赶超
别急躁

卫生习惯牢牢记
勤洗手脸常换衣
被褥勤晒脚勤洗
除臭气

废纸果皮不乱扔
随手拾起放纸篓

装进塑料袋扎紧口
垃圾拖走
洗漱餐具不混用
避免传染防疾病
生吃瓜果要洗净
讲卫生
饭前便后要洗手
勤剪指甲不隔周
头发勤洗及时修
小平头
小摊食品不能买
以防过期质变坏
学校规定记心怀
看谁乖
合理购餐不挑拣
三餐花消要盘算
吃好吃饱每一天
要勤俭
剩余饭菜不乱扔
蛋皮残渣进泔水桶
地面桌面要拾净
挂好凳
劳动习惯记心里
自己衣物自己洗
床铺整平被叠齐
争第一
宿舍内教室里

勤打扫来勤换气
每周一次大清理
搞彻底
用过物品放原处
参加劳动不怕苦
帮助家长做家务
孝父母
学习守则和规范
一言一行要照办
要是哪条有违犯
交政办
课下活动不乱跑
上下楼梯不挤闹
互相谦让有礼貌
监督好
体贴父母艰辛苦
吃喝穿用讲俭朴
不穿名牌不扮酷
穿校服
粮食水电要爱惜
人走水停灯也熄
勤俭节约每一滴
好样的
见面 Hello 问声好
尊敬师长有礼貌
放假返校先报到
别忘了

良好习惯人人夸　　　　　说到这里算一段

人生奠基作用大　　　　　精彩节目在后边

终生受益为大家　　　　　希望条条记心间

你我他　　　　　　　　　按照办

2. 文明礼仪，从我做起

·国旗下故事·

　　北京的鸟巢是举办北京奥运会开闭幕式的地方，也是好多奥运项目的比赛场地。奥运会结束后，鸟巢开放给国人参观，两三天下来，鸟巢里就随处可见游人丢弃的饮料瓶、塑料袋、用过的纸巾，奥运期间举办新闻发布会的地方更是堆满了垃圾。这与奥运期间干净整洁的鸟巢形成了强烈的反差。

　　英国、美国、日本等国家都不是说汉语的国家，但是在公共场所，我们经常可以看到很多提醒游人的标语却是用汉语写的，如"不准随地吐痰""请保持安静""不准踩踏草坪""请节约用水"等。为什么呢？人家回答：因为有这些不文明行为的大多数人是中国的游客。

　　中国是世界上公认的四大文明古国之一，有着五千年的文明史，是礼仪之邦。但是由于一些中国人的不文明行为,让很多外国人认为中国人不文明。

在我们的日常学习生活中,有没有不文明的行为存在呢?例如,你见到老师、同学、来访的客人有没有主动打招呼?你有没有在校园里、班上随手丢纸屑等垃圾?课间休息和放学时,你有没有和同学互相追逐、打闹?你有没有时常为一些小事和同学吵闹、打架?下午上学时,你是安静地到教室里看书,还是在走廊里追逐打闹、吵吵嚷嚷……

千万不要把文明行为习惯看作是小事。文明礼仪就是由小事、细节组成的,我们播下一个动作,便收获一个习惯;播下一个习惯,便收获一个品格。每个人的举手投足之间都传递着丰富的文明信息,千万别小看它。文明礼仪的习惯应从小培养。

 ·课堂讨论·

(1)讨论:怎样做才可以成为文明礼仪之星?

(2)评选班级"文明礼仪之星"。

(3)放大镜:找找我们身边不文明、没礼貌的行为。

(4)共同编写五条文明礼仪公约。

 ·课后实践·

(1)请结合实际,写写你是如何理解"文明礼仪就是由

小事、细节组成的。"

（2）以下是"文明之星"的评选标准,请你根据标准看看自己能得几颗星(最高画 5 颗☆)。

"文明之星"评选标准

1. 穿戴干净整洁,衣着大方。	
2. 语言文明,举止有礼,不说粗话,不打架,不溜扶手,不叫他人绰号,不随地乱扔杂物,有良好的卫生行为习惯。	
3. 能和同学友好相处,知道谦让,乐于助人。	
4. 课间活动遵守秩序,不玩危险的游戏。	
5. 爱清洁,讲卫生,不乱丢纸屑果皮,无乱涂乱写乱画现象,能主动捡拾校园内果皮纸屑。	
6. 待人有礼貌,见到老师、客人能主动敬礼、问好。	
7. 保持良好的个人卫生,形象文明、健康。	

（3）唱一唱:小学生文明礼仪儿歌。

进校	升旗	上课	课间	集会
背上书包上学校,服装整洁精神好。见了老师有礼貌,清晨问早午问好。同学之间打招呼,挺胸抬头面带笑。	立正庄严升国旗,仰望国旗徐徐起。少先队员行队礼,高唱国歌情无比。热爱祖国记心里,革命传统要牢记。	上课铃响进教室,安静坐好等老师。站立问声老师好,精神饱满学知识。坐如钟,站如松,读写姿势要坚持。	下课起立师先行,用品提前准备好。上下楼梯靠右行,轻声慢步最要紧。环境卫生保持好,室外游戏讲文明。	集合活动守纪律,队伍排列"快静齐",不说话来不乱挤,不乱走动有秩序。鼓掌热情懂礼仪,人人心中爱集体。

（4）进老师办公室的礼仪你知道吗? 写一写。

（5）主动接待家里的客人,记录自己接待的过程,让爸爸妈妈评议一下自己接待的过程。

3. 漂亮是天赋，教养是选择

·国旗下故事·

上周五下午，操场上有几个同学把自己手中的矿泉水瓶子往空中抛，而他们周围都是学生，这样很容易砸到同学。就算他们技艺高超，每次都能接住，但也会给周围的同学带来焦虑和担心。一位老师走过去提醒这些同学不要再抛了，同学们听了劝阻。但有那么一两位同学看见老师走远了，又开始抛起来了。这说明什么？如果说开始抛的时候没有意识到会影响别人，那情有可原。可经提醒后答应不再抛却又抛，就不仅是明知故犯了，而且是人前人后表现不一了。这种行为就不是一个有教养的人的表现。由此可见，判断一个人是不是有教养，不是看他是如何说的，而是看他如何做的，特别是在没有人监督的时候是如何做的。

文明水平体现着一个人的教养程度的高低。要做一个有教养的人首先要做一个文明的人。文明既尊重了别人，更尊重了自己。文明、教养离我们有多远呢？文明、教养离我们并不远！它其实就在我们的一举手一投足之间。它体现在一切细微之处，有时候只是一句文明用语，有时候只需要"举手之劳"。有时候简单到只是一句"对不起"

或者"谢谢"。当大家互相问候、笑脸相迎时,我们看到了文明;当人们在公共场所自觉排队、礼貌相对,我们看到了教养;当人们自觉将饮料瓶丢进垃圾桶,我们看到了文明;当行人站在斑马线前自觉等待,我们看到了教养……要知道,我们每个人都没有办法选择自己外表的美和丑、家境的好与坏,但却能选择文明,选择教养。文明和教养的最大特点就是时刻考虑自己的言行举止有没有影响别人、妨碍别人。

·课堂讨论·

(1)对文中两次抛水瓶的同学,你想对他们说什么?

(2)怎样做才能成为一个有教养的人?

(3)为什么说一个人在没有人监督的时候是怎么做的是判断一个人有没有教养的标准?说说你的理解。

·课后实践·

(1)请结合实际,写写你打算如何做一个有教养的人。

(2)向不文明告别。你是不是有过这些不文明的行为:随地吐痰,乱扔纸屑、垃圾,在公共场合大声喧哗,破坏公共设施,破坏班级公物,欺负弱小群体,给他人乱起外号……请立即改正,向它们告别吧。

_____

_____

_____

_____

（3）你是一个文明的人吗？试试下面的测试吧。

①升国旗时，你能肃立、行注目礼吗？

A. 能　　　　　　B. 有时能　　　C. 不能

②你平时说脏话吗？

A. 不说　　　　　B. 很少说　　　C. 常说

③路上见到老师，你会主动上前问好吗？

A. 会　　　　　　B. 有时会　　　C. 不会

④你有过破坏公物、乱扔粉笔的行为吗？

A. 没有　　　　　B. 有过　　　　C. 经常有

⑤你能和同学友好相处，并互相帮助吗？

A. 能　　　　　　B. 很少　　　　C. 不能

⑥你会乱扔垃圾吗？

A. 不会　　　　　B. 偶尔会　　　C. 经常会

⑦看见校园有垃圾，你会捡起来并扔进垃圾桶吗？

A. 会　　　　　　B. 有时会　　　C. 不会

⑧你能够做到上课认真听讲，不做小动作吗？

A. 能　　　　　　B. 有时能　　　C. 不能

⑨你能按时独立完成作业，不抄袭别人作业吗？

A. 能　　　　　　B. 有时能　　　C. 不能

⑩参加各种集会你能准时到达、安静听讲吗?

A.能　　　　　B.有时能　　　C.不能

(说明:选择 A 得 3 分,选择 B 得 2 分,选择 C 得 1 分)

分数为 24~30 分:你是个讲文明,懂礼貌的人。举止言谈文明,与老师、父母、同学相处融洽,人际关系好,是个受欢迎的人!

分数为 16~23 分:一般情况下,你是个讲文明的人,但有时可能没有认真对待一些事情,特别是一些小事,人际关系一般,是个比较受欢迎的人!

分数为 10~14 分:许多情况下,你是个不够讲文明的人,人际关系一定很差,不怎么受欢迎。要注意:说得多不如做得好,从现在做起还来得及。

4.努力做一个有教养的人

·国旗下故事·

见到老师敬个礼,见到同学说声早,见到长辈问声好,见到老人过马路主动去搀扶,见到邻居提重物主动去帮助……这些大部分学生都可以做到。但仅仅做到这些,只能说我们是一个懂礼貌的人,还不能被称之为一个有教养的人。那么,什么样的人才是一个有教养的人呢?

（1）有教养的人首先是言行一致的人，希望别人做到的事自己首先要做到。（言行不一会成为伪君子，不被人信任）

（2）不在公众场合大声喧哗。（因为噪音会妨碍别人）比如在学校、机场、地铁站、餐厅、音乐厅等。

（3）上完厕所会记得冲水。（因为气味有碍健康）

（4）上下楼梯会靠右行走。（始终保持道路畅通）

（5）在走廊行走的时候不会三三两两地勾肩搭背。（因为会妨碍别人走路）

（6）不在运动场以外的地方奔跑。（因为很容易撞到别人）

（7）上课不经老师允许不随便说话。（会影响别人听课）

（8）不随地乱丢垃圾。（会影响环境卫生和舒适度）

（9）放学按时回家，不在外逗留。（不让父母、老师担心）

（10）热爱阅读。利用一切可以利用的时间和场合读书。我们可以在书中认识许多有教养的人，和他们做朋友。

教养的核心就是时刻要注意自己的行为举止有没有妨碍别人。

一个有教养的人必定是一个有爱心、懂得尊重他人、做事有分寸的人，他不仅善解人意、注重细节，还正派真诚、光明磊落。他会克服种种不便，使自己的行为符合社会公德的要求,注意处处使用礼貌用语,努力营造文雅平和的氛围。

你怎样待人,别人也怎样待你。你关怀别人,对别人体贴、周到、真诚、正派、尊重、得体,别人通常也会反过来如此待你。久而久之,你就会拥有许多朋友。

·课堂讨论·

（1）对照国旗下故事中的十条标准,说说自己是个有教养的人吗?

（2）除了这十条标准,你认为有教养的人还应该怎样做? 讨论完整理出来,作为全班同学共同遵守的"教养公约"。

（3）推选班上最有教养的同学并说说推选理由,号召大家向他们学习。

（4）列举身边你认为没有教养的行为。如果是你认识的人有这些行为,可以悄悄地提醒他,不要当众说出来,这也是有教养的表现哟。

·课后实践·

（1）请结合实际,写写你身边有教养的人的表现。

（2）以下行为,完全做到请打"√",得1分;没有做到请打"×",得 0 分;有时做到请打"≈",得 0.5 分。

①有教养的人首先是言行一致的人,希望别人做到的事自己首先要做到。(言行不一会成为伪君子,不被人信任)　　　　　　　　　　　　　　　　(　　)

②不在公众场合大声喧哗。(因为噪音会妨碍别人)比如在学校、机场、地铁站、餐厅,音乐厅等。　(　　)

③上完厕所会记得冲水。(因为气味有碍健康)　(　　)

④上下楼梯会靠右行走。(始终保持道路畅通)(　　)

⑤在走廊行走的时候不会三三两两地勾肩搭背。(因为会妨碍别人走路)　　　　　　　　　　(　　)

⑥不在运动场以外的地方奔跑。(因为很容易撞到别人)　　　　　　　　　　　　　　　　(　　)

⑦上课不经老师允许不随便说话。(会影响别人听课)　　　　　　　　　　　　　　　　(　　)

⑧不随地乱丢垃圾。(会影响环境卫生和舒适度)　　　　　　　　　　　　　　　　(　　)

⑨放学按时回家,不在外逗留。(不让父母、老师担心)　　　　　　　　　　　　　　　　(　　)

⑩热爱阅读。利用一切可以利用的时间和场合读书。我们可以在书中认识许多有教养的人,和他们做朋友。　(　　)

得到 8 分以上,你是一个有教养的人;5~7 分,你正在努力做一个有教养的人;5 分以下,你离有教养的人还有一段距离,要加油。

(3)饭桌也能体现一个人的教养,比如不敲碗筷、不把菜翻来翻去。请你根据以下用餐提示进行实践,请爸爸妈妈和老师给你评分。

A.在家:

①请长辈先入座。

②等长辈先拿碗筷后,自己再拿碗筷。

③吃东西或喝汤时要小口吞咽,闭嘴咀嚼,尽量不发出响声。

④别人给自己添饭菜,要说"谢谢"。

⑤主动给长辈添饭加菜。

⑥先吃完饭要说"大家慢慢吃"。

B.在学校:

①在老师的指导下有秩序地进入餐厅。

②坐在指定的座位上,两脚自然并拢,双腿自然平放,坐姿自然。

③要安静、文明进餐。

④饭、菜、汤要吃净;不偏食、不挑食。

⑤碗、碟轻拿轻放,摆放整齐。

喝汤不能吸溜,吃饭要闭上嘴嚼。

不能端着饭碗到处跑。

全家围坐用餐，大人动筷孩子才能动筷。

吃饭时手要扶碗，不能一只手在桌下。

（四）关爱感恩篇

1. 没有钱的布施

·国旗下故事·

你们知道什么是布施吗？布施通常是指把自己的财物无条件地送给别人。但是，即使你没有钱，你也可以布施。

有一天，一个人跑到佛祖释迦牟尼面前哭诉。他说："我无论做什么事都不能成功，这是为什么？"佛告诉他："这是因为你没有学会布施。"他又说："可我是一个穷光蛋呀，我没有钱布施呀！"佛说："一个人即使没有钱，也可以给予别人七样东西：

第一是容颜的布施，你可以用微笑与别人相处；

第二是语言的布施,你见到人主动打招呼、问好,对别人多说鼓励的话,安慰的话、称赞的话、谦让的话、温柔的话;

第三是心意的布施,敞开心扉,诚恳待人;见到别人受苦,你就心生怜悯;见到别人不开心,你就主动安慰他;

第四是眼光的布施,以善意的眼光去看别人,说话时眼睛看着对方;

第五是行动的布施,以行动去帮助别人,比如见到人迷路时,给他指路;见到有人东西拿不动,你就帮他拿;

第六是座位的布施,乘船坐车时,将自己的座位让给别人;

第七是房屋的布施,将自己空下来的房子提供给别人休息。"

佛最后说:"无论谁,只要有了这七种习惯,好运便会如影随形。"

可见,只要你愿意,你就可以给予别人不需要钱的布施。

·课堂讨论·

(1)在你看来,什么是布施?

(2)除了金钱,你还能给别人布施什么?

(3)你接受过别人给予你的哪些布施?谈谈你当时的

感想。

·课后实践·

（1）请结合实际,写写你对布施的感悟。

（2）你身边有需要帮助的小伙伴吗？请你对他布施吧,但不要让他感觉到被布施。

（3）你读过《快乐的王子》这本书吗？找来读一读吧,并和好朋友一起论一论里面的"小王子"为什么最后变得快乐了。

2.如果没有天使,那就自己做天使吧

·国旗下故事·

我们生活在这个世界上,总会遇到这样那样的不如意,有很多时候你一定在心中祈祷会有天使来帮助自己。那如果这个世界上真的没有天使,我们该怎么做呢？

有一个女孩,从小就失去了父亲。继父是个酒鬼,经常打她、骂她,继父的儿子也常常欺负她。她像一只丑小鸭,受尽了屈辱和冷眼。一次,她被几个男孩追打,躲进了一座教堂。她听见一位老婆婆说:"天使就在我们身边,每个人都有天使守护。"她气愤地站起来反驳说:"这世上根

本就没有天使,我总是受人欺负!"老婆婆抚摸着女孩的头说:"孩子,那是因为你是上帝派来给别人当天使的。"就是这句话,改变了小女孩,改变了小女孩的一生。

小女孩开始试着像天使一样去爱别人,去帮助别人。继父喝醉了酒,她为他端茶倒水;她对继父的儿子也不再冷眼相对,而是见了面就亲切地唤他哥哥;在同学面前,她也不再孤僻冷漠,总是向他们送去微笑、热情和友爱。渐渐地,她变成了一个讨人喜爱的孩子,不仅赢得了继父和哥哥的关怀,也赢得了同学们的友谊,她在爱和被爱中享受着生活的幸福和快乐。

后来,女孩选择做了一名护士,因为在她看来,护士就是天使的化身。她在医院做护理工作整整二十年。二十年里,她不知护理了多少病人,对每一位病人,她总是用爱去化解他们的痛苦和灾难。被她护理过的病人,都亲切地称她为天使。最后,她所在城市、所在国家的人民都尊敬地称她为天使。2006 年 4 月 4 日,这位名叫希罗的天使,因突发心肌梗死而永远离开了她所爱着的人们,整个城市沉浸在哀痛之中,在同一时刻,所有的汽车都停下来长时间鸣笛。数万市民相扶,站在街道两旁,流着眼泪,连南非前总统曼德拉也在别人的搀扶下赶来为她送行。她给这个爱着的世界留下的最后一句遗言就是:自己当天使去拥抱别人要比自己被天使拥抱更幸福。希罗用她的行动告诉了我们:如果身边没有天使,那就我们自己去做天使吧。

·课堂讨论·

（1）在你的班上有像希罗一样的天使吗？分享一下他们的事例。

（2）你愿意做天使吗？为什么？

（3）如果你像希罗一样遭遇了不幸，你还愿意做天使吗？

·课后实践·

（1）请结合实际，写写你对"如果没有天使，那就自己做天使"的感悟。

（2）定期到敬老院、儿童福利院或特殊学校感怀需要帮助的人。

（3）观看视频《感动中国——最美女孩何玥》（2012）、《感动中国——方俊明》（2013）等并和同学交流一下观后感。

（4）参加志愿者团队的一次活动或者一次义工行动，体验一下为别人服务的过程，并贴上你的活动照片。

3. 花三分钟感谢

·国旗下故事·

　　一家著名的外资公司要招聘一名员工,许多人都来参加考试,希望能获得这份工作。经过公司一轮轮的面试和笔试,最后只剩下 5 个人。5 个人个个都很优秀,都毕业于名牌大学,都有较好的外表条件和丰富的学识。公司通知 5 个人,聘用哪个人还得由公司的经理层会议讨论后才能决定。于是 5 个人安心地回家,等待公司最后的决定。

　　几天后,其中一位的电子邮箱里收到公司的一封信,信上说:"我们十分欣赏你的学识、气质,但是这次因为名额有限,我们无法聘用你,非常遗憾。公司以后若有招聘名额,一定会优先通知你。我们随后将会把你的证件资料寄还给你。另外,为感谢你对本公司的信任,特寄去本公司产品的优惠券一张。祝你开心。"

　　她在收到电子邮件的一刻,知道自己落聘了,十分伤心。但又为外资公司的诚意所感动,便顺手花了三分钟时间用电子邮件给那家公司发了一封简短的感谢信。让她万万没有想到的是:两个星期后,她收到那家公司的电话,说她已被正式录用为该公司职员。后来,她才明白,这是公司的最后一道考题。公司给其他 4 个人也发了同样的电子邮件,也送了优惠券,但是回信感谢的只有她一个。她能胜出,只不过因为多花了三分钟时间去感谢。她因为懂得感谢,最终获得了她想要的工作。

可见,在日常生活中,一个常怀感恩之心并懂得表达感谢的人往往会受到大家的欢迎和喜爱。

 ·课堂讨论·

(1)你会常对帮助你的人说谢谢吗？你听到别人对你说谢谢后,有什么感受？

(2)请你说一件你忘记对别人说谢谢的事情。

(3)请回忆一下,你还需要对谁说谢谢。

 ·课后实践·

(1)请结合实际,写写你的感悟。

(2)请把课堂讨论第二题你讲述的事情画成一幅画并配上对白。

（3）父母是我们最需要感谢的人,请你今天回家把你心中感谢的话写下来读给父母听。

4. 尊敬父母就是最好的孝

·国旗下故事·

中国有句古语:"百善孝为先"。意思是说,孝敬父母是各种美德中占第一位的。一个人如果都不知道孝敬父母,就很难想象他会是一个好人。每到母亲节,相信我们每一个人都会表达对母亲的感恩之心,都对自己说要孝敬父母。除了在母亲节、父亲节送礼物给父母,平时我们还应该如何对父母尽孝呢?

在1700多年前的晋朝,就在深圳宝安的沙井出了一个大孝子,这个孝子名叫黄舒。黄舒自幼家境贫寒,父母以种地为生,黄舒没钱上私塾,天天和父母在田地里干活。黄舒对父母非常孝顺,每天给父母端茶倒水,并且从没有过一丝怨言。干活也从不偷懒,回到家里,一定是穿戴整齐侍候父母吃饭。黄父死后,身为儿子的黄舒背起篮筐,为父亲运土造坟。安葬完老父,他在坟边搭建了一方草棚,为父守孝。白天照样劳动,晚上则住在草棚里。他为父守孝三年整。其间,不食肉,不饮酒,每天一瓦罐稀饭。不几年,他母亲也去世了。黄舒在原地再次搭起草棚,为母亲守孝三年。黄舒尽孝守孝的事迹被皇帝知道了,皇帝于是赐给黄舒"孝子"荣誉称号。

作为小学生又应该如何尽孝呢?可能有些同学会说,等我长大了挣钱给父母花,给父母买很多礼物。孝顺的方式有很多种,尊敬父母就是最好的孝。尊敬父母最重要的一条就是给父母好脸色,不顶撞父母,不对父母发脾气。这也是我们小学生能够做到的。《论语》里记载了这样一个小故事。有一天,孔子的学生子夏问孔子什么是孝,孔子回答得很简单,只说了两个字——"色难"。就是说给父母好脸色是最基本的孝道,也是最难做到的。黄舒并不是一个有钱人,他对父母尽孝的方式就是为父母分担家务,和父母一起劳动,并且对父母从没有怨言。黄舒做到了对父母尊敬有加,是对父母真正的尽孝。

其实孝敬父母四个字,做起来说难不难,说简单不简单。孝敬父母,必须对父母和颜悦色,让父母感到愉悦。

·课堂讨论·

（1）你是否曾经给父母脸色看？说说那是什么事情。

（2）读了这篇文章,如果第（1）题中的事情再发生你会怎么做？

（3）尊敬父母,除了给父母好脸色,我们还能做哪些具体的事情？

·课后实践·

（1）请结合实际,写写你是如何孝敬父母的。

（2）读了黄舒的事迹,请你为现代孝子写五条标准。

_____

_____

_____

_____

（3）为自己的父母过一次生日。

（4）坚持为家里的长辈做力所能及的事情,比如洗洗碗、扫扫地等,如果长辈不在身边,过节的时候记得发信息问候。

_____

_____

_____

_____

_____

（五）阅读审美篇

1. 读书, 这么好的事

·国旗下故事·

　　深圳读书月是深圳市委市政府于 2000 年创立并举办的一项大型综合性群众读书文化活动,这项活动不仅有效地推动了深圳的全民阅读活动,还促进了深圳的学习型社会建设和文明城市建设。在纪念深圳经济特区建立三十周年 100 件大事评选中,深圳读书月荣膺其中,充分说明了深圳人对读书月活动的喜爱。

　　有这样一句话:阅读就是阅世,书生活就是真生活。读书与社会的进步,与我们每个人的成长都是密不可分的。我们通过阅读了解历史、了解世界、了解宇宙,并在借鉴前人的经验和失败中学会独立思考。还有这样一句话:读书,这么好的事! 有书读是幸福的。读书不仅可以使我们掌握科学文化知识,还可以使我们的心灵更加丰富。我们在读书中学习海伦·凯勒的乐观坚强的意志,我们在读书中学习德兰修女悲天悯人的情怀,我们在读书中学习布鲁诺尊重科学的精神……读书使我们成为一个善良的人,一个有修养的人,一个热爱科学的人。

你们热爱读书吗?那么就赶快行动吧。你可以在学校里自己读,可以和爸爸妈妈在家里一起读,还可以在外出旅行时带上自己心爱的书……文明公民,阅读为荣。

·课堂讨论·

(1)为什么说读书是这么好的事?

(2)你是一个爱阅读的人吗?你为何而读书?

(3)深圳每年都会举办读书月活动,你参加过哪些读书月专题活动,和大家分享一下。

·课后实践·

(1)请结合实际,写写读书给你带来的收获。

(2)策划一次班级读书分享会。

(3)和爸爸妈妈共读一本书,并写下心得。

2. 让我们在阅读中健康成长

·国旗下故事·

中华民族历来就有热爱读书的传统，流传着许多刻苦读书的感人故事，比如"凿壁偷光"的匡衡、"囊萤映雪"的车胤、"头悬梁锥刺股"的苏秦。而我们敬爱的温家宝爷爷也非常热爱读书，总是想方设法挤出时间读书。他在北京地质大学读书时，白天除了上课，就在图书馆看书，晚上回到宿舍，同学们都睡了，他却总是读到最后熄灯。睡到半夜起床，又开始读书。那时候他没有手表，大约是早上两三点就起床读书了。所以，大学期间36门功课，他有35门功课获得优秀。温家宝爷爷希望全社会都来读书，并多次和大家交流他的三点读书心得：

第一，读书好。读书可以改变人生。虽然书籍本身不可能改变世界，但是通过读书，可以增强我们认识世界、了解世界的能力，这样才可以改变世界。所以读书关系到一个人的思想境界和修养，关系到一个民族的素质，关系到一个国家的兴旺发达。

第二，读好书。读书要选择，要选择好书读。如果选择一本不好的书，就等于浪费了读一本好书的时间。什么叫好书？好书是那些能够给人以感染和力量的书，是激发人的斗志的书。其实历史上,经过几百年上千年的淘汰,留下来的书是不多的,这些书带有永久性,因为它经过多次淘汰而依然能够震撼人心。

第三,好读书。我们要养成良好的读书习惯。有些人总是说自己很忙,没有时间读书。但其实你只要每天抽出半小时时间读四五页书,一个月也有 100 多页,一年也有 1000 多页啊。如果一个人想读书,总是可以挤出时间来的。

让我们想想:我们读了多少书?我们养成自觉读书的习惯了吗?让我们行动起来吧,多读书、读好书,并逐渐养成自觉读书、好读书的习惯,在书籍中汲取营养,在阅读中健康成长。

 ·课堂讨论·

(1)你热爱读书吗?为什么?

(2)你最喜欢的一本书是什么?说说你喜欢的理由和读这本书的收获。

(3)你有哪些好的读书心得和方法?

 ·课后实践·

(1)请结合实际,写写你对温家宝爷爷"三点读书心

得"的感悟。

（2）向图书管理员请教如何整理书籍，为自己的书籍列个清单，贴上编号，这样你就可以更好地管理自己的书籍，也能更快地找到自己想要的书了。

（3）请你做读书推广人，为同学们推荐一本你认为最好的书，说说你看了这本书的收获与感受。

（4）读书有很多种方法，如：泛读，广泛涉猎；精读，熟读精思；通读，鸟瞰全景；跳读，思维跳跃；速读，一目十行；略读，略观大意；再读，温故知新；写读，动动笔墨；序读，阅读书序；选读，有所选择。

请你在阅读中尝试以上读书方法，并写下你的感受。

_____

_____

_____

3. 发现美 感受美 创造美

·国旗下故事·

俗话说"爱美之心，人皆有之"，意思就是说每个人都有一颗爱美的心，每个人都喜欢美好的事物。有的同学说："我觉得开满花的树是美的。"有的同学说："我觉得大自然的一切都是美的。"有的同学说:"我觉得绿化是美的。"……

　　19 世纪法国最有影响的雕塑家罗丹说:"生活中不是缺少美,而是缺少发现美的眼睛。"很多同学都用自己的眼睛发现了大自然的美。

　　大自然的确给予了我们许多美的体验和感受。旭日东升是美的,夕阳西下也是美的;姹紫嫣红是美的,绿草茵茵也是美的;蓝天白云是美的,满天繁星也是美的;雨后彩虹是美的,雪花飘落也是美的。大自然每时每刻都在创造美,而人类也在每时每刻发现美、感受美,并用人类特有的文字、画笔、戏剧、音乐来表现美、赞赏美、创造美。

　　唐代大诗人李白惊叹于庐山瀑布的美,写下了"飞流直下三千尺,疑是银河落九天"的千古佳句,让那些没有去过庐山的人也感受到了庐山瀑布的美;唐代另一位大诗人王之涣在登鹳雀楼时,借景抒怀,在描述了"白日依山尽,黄河入海流"的美景后,更写下了"欲穷千里目,更上一层楼"的豪迈诗句;元代著名画家黄公望所创作的《富春山居图》已经成为中国的艺术国宝;明代旅行家徐霞客为了探索大自然的奥秘、发现大自然的美,历时三十多年,走遍了大半个中国,写下了二百四十多万字的《徐霞客游记》,不仅让后人感受到祖国山山水水的美好,还给后人留下了一笔宝贵的科学财富;德国著名音乐家贝多芬的《田园交响曲》也给我们展现了一幅美轮美奂的田园美景。

　　可见,生活中处处都存在着美,我们不仅要努力发现、努力寻找生活中的美,还要用心记录生活中的美,比如出外旅游写写游记啊;比如春天来了,拍几张照片啊;我们还要用心感受艺术的美,比如经常听听音乐会,参观美术馆、博物馆等;我们还要努力创造美,比如写写诗、画画画、唱唱歌、跳跳舞、演演戏啊……我们学校的缤纷节、合唱音乐会、皮影戏、莎士比亚戏剧、原创诗歌、唐诗宋词朗诵会都是让同学们感受美、创造美的舞台。同学们,只要你们用心去发现美、感受美、创造美,会觉得生活变得越来越美好!

·课堂讨论·

(1)在你看到过的大自然美景和人类创造的美的事物中,你印象最深刻的是什么?为什么?

(2)为什么人一般容易忽视这些身边的"美"呢?

(3)你觉得怎样做才能使自己发现、感受、创造更多的美?

·课后实践·

(1)请结合实际,写写你是如何理解"美无处不在"这句话的。

(2)把你认为自己拍得最美的一张照片或图片贴在方

框里,并简单介绍它的由来吧。

关于这张照片的记忆——

_____

_____

_____

_____

_____

贴照片处

（3）"班级大变身"：以小组为单位,负责布置班级的一角,最后进行评分,看哪个小组布置得最美。

（4）"我是小拍客"：让父母带你出去旅游一次,并用相机或者画笔,记录那些美的风景,回来贴在班级展板上,与同学分享。

4. 干净、整洁就是美

·国旗下故事·

什么是美？很多同学都说帮助别人、有爱心是最美的。同学们说得很对,帮助别人、有爱心体现了一个人的心灵美。心灵美是一个人的内在美,内在美对一个人来说固然很重要,但外表美我们也不能忽视。因为外表美是你给别人的第一印象。这里所说的外表美并不是指一个人的长相要有多漂亮,而是说一个人要注重外表的干净整洁。因为整洁美是外表美中最重要的内容。

每天同学们到学校来上学都要穿校服,有些同学身上穿的校服很整洁,佩戴的红领巾很平整,脚上穿的鞋子也是干干净净的,看上去很舒服、很美好;但是有些同学穿着的校服上面却有很多污渍,佩戴的红领巾也是脏兮兮的,脚上穿的运动鞋也分辨不出是什么颜色了,给人的感觉是邋里邋遢,一点儿也不美好。

一个人的形象最重要的就是整洁。衣服旧了没关系,只要整洁;鞋子旧了没关系,只要干净;红领巾旧了没关系,只要平整。如果你每天都穿着干净、整洁的衣服,就会让人感觉很美好。

我们除了要保持个人的整洁美以外,也要努力保持所用的物品、所处的环境干净整洁。比如,书包和书桌是你们上学要用的物品,你们又是如何对待它们的呢?有些同学书包和书桌里的物品摆放得井井有条,需要什么东西的时候可以很快找得到,看上去赏心悦目,让人心情舒畅;有些同学的书包和书桌里,学习用品却被弄得乱七八糟,甚至还有些没有及时清理的垃圾也塞在里面,要找支笔或作业本都要花很长时间,这样乱糟糟的书包和书桌,直接影响了同学们的学习效率。再比如,教室是你们每天学习的地方,可是你们班的教室干净整洁吗?我发现,有的班级课桌椅摆放得整整齐齐,地面干干净净;有些班级的课桌椅就横七竖八、歪歪斜斜,地面也有很多垃圾。如果我问同学们,你们是喜欢待在干净整洁的环境里,还是喜欢待在肮脏凌乱的环境里? 我相信你们一定会选择前者。既然这样,我们为什么不能保持我们所用的物品、所处的环境干净、整洁呢?

整洁是给别人的第一印象,是一种你自己可以创造的美。所以请同学们一定要努力做到整洁美。

 ·课堂讨论·

(1)作为小学生,除了心灵美,还要讲究自己的形象美,请你说说怎样的形象是美的?

(2)说说班上哪位同学最干净整洁。

(3)说说你的妙招:如何更好地保持班级的环境卫生?

 ·课后实践·

(1)请结合实际,写写你对"干净整洁就是美"的感悟。

(2)请检查自己的衣着、物品是否干净整洁,如果不是,立即整改。

(3)在班上进行一次大扫除活动,并根据班队会上同学们提出的妙招保持班级环境卫生。

（4）每个月进行一次"干净整洁之星"评比。

（5）每学期在全校范围进行"最美小学生""最美班级"评比。

（六）健康安全篇

1. 健康是一切生活的出发点

·国旗下故事·

著名教育家陶行知说："人生第一要事是健康，第二要事是健康，第三要事还是健康。"他认为健康是一切生活的出发点。

那么什么是健康呢？

世界卫生组织（WHO）认为"健康不仅是躯体没有疾病，还要具备心理健康、社会适应良好和有道德"。也就是说，一个人只有具备了以上四种要素，才能称得上是一个健康的人。所以，我们要努力做到以下四点：

（1）有健康的生活方式。不吸烟，不喝酒，饮食均衡不挑吃，食不过量，保持适量运动，保证足够的睡眠时间。

（2）有健康的心理状态。热爱生活，乐观向上，主动承担任务,面对困难不逃避,面对挫折不气馁,面对表扬不骄傲,面对帮助要感恩。

(3)有较好的社会适应能力。应变能力强,能适应各种环境变化。与人为善,看到别人好不是嫉妒,而是真心祝贺;看到别人不好不是嘲笑,而是主动帮助。

(4)有良好的道德品质。爱护环境,乐于助人,不说伤害别人的话,不做伤害别人的事。

健康是一切生活的出发点,也是教育的出发点,每个人都要努力做到以上四点,努力成为一个健康的人,从而拥有幸福、快乐、美满的人生!

 ·课堂讨论·

(1)在读这篇文章之前你认为什么是健康?

(2)世界卫生组织怎样定义健康?

(3)为什么说健康是一切生活的出发点?

(4)说一说,除了保持身体健康,我们还要怎么样做才能保持心理健康。

 ·课后实践·

(1)请结合实际,写写你对"人生第一要事是健康"的感悟。

（2）记录自己的身体成长情况，参照相关标准或咨询校医了解自己健康和发育状况。

年龄：
性别：
身高：
体重：
视力：

（3）选择一项运动，比如跑步、跳绳……每天坚持并在日历上做好记录，做到的那天就打"√"，看看自己一个月能够坚持运动多少天。

（4）饮食均衡对健康非常重要，请你查阅相关资料给家里制定一周的健康食谱。

_____

_____

_____

_____

2. 你有良好的卫生习惯吗？

·国旗下故事·

香港著名作家李碧华说："看一个国家的国民素质，要看它的公共厕所。"的确，公共厕所干不干净，与我们每一个人都息息相关,也最能体现一个人的文明程度。出门在外,总要上公共厕所,肮脏的公共厕所总让人觉得讨厌、不舒服,特别是在旅游景点,刚刚欣赏了美景,转眼就让气味难闻的公共厕所破坏了心情。但事实上,我们经常不得不去肮脏的公共厕所,有时甚至不得不捏住鼻子。中国有五千年的文明史,号称礼仪之邦,但就是有那么一些人上厕所不冲水、不洗手。外国人到中国来旅游,抱怨最多的就是公共厕所的卫生。有些中国人去国外旅游,还把这种不文明行为带到了国外,导致外国人认为中国人不讲卫生,不文明,没素质。2007 年武汉大学评选校园十大不文明行为,其中"上完厕所不冲水"被认为是最不文明的行为。上个月,有位大学教授也对我说:"每到一所学校,我都特别注意观察上完厕所的学生有没有冲水,有没有洗手。"

上完厕所要冲水、要洗手,是最基本的卫生要求。如果你上完厕所不冲水、不洗手,不仅是一种极其不文明的行为,还会传播疾病,有害健康。可能有些人认为这些都是个人生活小节,但往往小节最能体现一个人的素质,我们万万不能忽视。

1987 年,75 位诺贝尔奖得主齐聚巴黎,记者问其中一位诺贝尔奖获得者:"请问您在哪所大学学到您认为最重要的东西?"这位白发苍苍的老者平静地说:"在幼儿园,我学到把自己的东西分一半给小朋友,不是自己的东西不要拿,东西要放整齐,吃饭前要洗手,做错事要表示歉意。"这位科学家说的每一件事似乎都是生活小节,是每个人都可以做到的小事,但他的回答,却得到了在场所有科学家的普遍赞同。这恰恰说明了小节可以成就大事,良好的行为习惯对人生有着决定性的意义。

让我们行动起来吧,告别不讲卫生的不良行为。

 ·课堂讨论·

(1)你上完厕所会冲水吗?

(2)如果你没有冲厕所,原因是什么?

(3)你有什么好办法提醒不冲厕所的同学冲厕所?

 ·课后实践·

(1)请结合实际,写写你对"小节可以成就大事"的感悟。

(2)厕所上有很多提醒人们冲厕所的标语,如"来也匆匆、去也冲冲",也请你来为学校的厕所拟几条标语或画几幅漫画吧。

_____

_____

_____

_____

(3)校园里一般使用的是蹲厕,正确使用蹲厕也可以

帮助保持厕所卫生,请熟记并演练正确使用蹲厕的几点提示:

注意使用的方向。蹲厕有洞通向下水道的一端为背部应靠近的一方。倘若洞是在接近墙壁一方,人应该面向外。倘若洞是在远离墙壁一方,人应该面向墙壁。

站到蹲厕的上方。

蹲在蹲厕上面,臀部应该尽量接近蹲厕上的洞。小心不要蹲得太后,否则可能会弄到蹲厕以外。

(4)请按照以下"六步洗手流程"认真洗手。

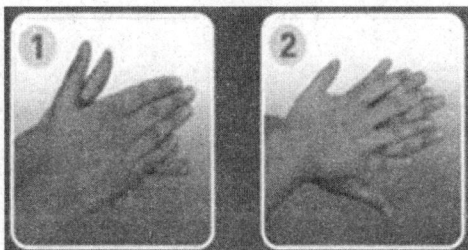

掌心相对,手指并拢互相搓。

手心对手背沿指缝相互搓擦,交替进行。

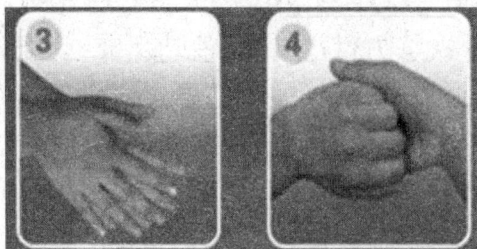

掌心相对,双手交互沿指缝相互搓擦。

双手指相扣,互搓。

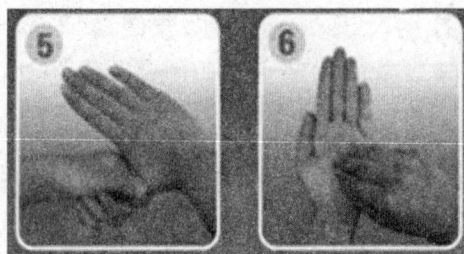

一手握另一手大拇指
旋转搓擦,交替进行。

将五个手指并拢在另
一只手掌心旋转搓
擦,双手交替进行。

3. 不怕一万,就怕万一

·国旗下故事·

俗话说"不怕一万,就怕万一",这句话的意思其实就是说:一万次倒不可怕,怕的是万里有一,哪怕一次疏忽大意,哪怕一次违章违纪不遵守安全规则,就可让九千九百九十九次努力付诸东流,前功尽弃;就能使一生平安的愿望,化为泡影,离你而去。生活中很多安全事故都是因为一时的疏忽造成了"万一"的悲剧。

有一个工地上的工人,他每天都戴安全帽上班,从来就没有发生过事故。有一天,他出门后才发现忘戴安全帽了,于是他想:"算了,从来没有发生过事故,一天没戴安全帽也没事的。"然而,就是在这一天,他被工地上方掉下来的一块石头给砸伤了。

2013 年 12 月 25 日,深圳市某实验学校幼儿园大班姓庞的小朋友,吃完早餐后就跟妈妈挥手告别,在楼下坐上校车去上学,20 分钟后却遭遇车祸,而肇事车辆正是接送小朋友的校车。当时,姓庞的小朋友刚从校车上下来,准备走进学校上课,却被校车车头右侧碰倒在地,当场死亡。小朋友的家人悲痛万分,但是逝去的生命却再也无法挽回。

生活中有很多意想不到的危险都可能剥夺人的生命和健康,而这些危险大多因为一时疏忽或是存在侥幸心理造成的。过马路的时候,有同学看到绿灯在闪了喜欢"争分夺秒"往前冲,有同学甚至为了图方便不走人行天桥或者地下通道,这些都是不安全的行为。在学校里,有同学喜欢在走廊里、楼梯上嬉戏打闹,在教室里推推搡搡,这些也是不安全的行为。在家里,有各种电器,洗完手湿漉漉去接触插头可能造成触电事故,家里刚刚擦过的地板,还有浴室、洗手间的地板都是比较滑的,稍不注意就会滑倒摔伤。事故发生的时候有人喜欢说"没想到""倒霉",这就是俗话说的"不怕一万,就怕万一",万一发生了安全事故就是不可挽回的。

所以,每个人都一定要时刻记住"不怕一万,就怕万一"这句话,时刻遵守安全规则,不让一时的疏忽导致"万一"灾难后果的发生。因为生命对于我们每一个人来说只有一次。

·课堂讨论·

（1）事故发生的时候有人喜欢说"没想到""倒霉"，你遇到过这类"没想到""倒霉"的事吗？说一说都是些什么事。

（2）为了避免这些"没想到"的"倒霉"事，我们该怎么做？

（3）说说生活中的那些"万一"会发生的事。

·课后实践·

（1）请结合实际，写写你对"不怕一万，就怕万一"的感悟。

（2）你一定见过有人过马路时闯红灯，乘坐地铁时不顾安全提示抢上抢下，请你写个醒目的提示标语并带上它到马路或者地铁站做一天"安全卫士"吧。

（3）一天的"安全卫士"经历中你看到了什么，想到了什么？写一写吧。

4. 高空抛物引发的悲剧

·国旗下故事·

2006 年 5 月 31 日下午的 5 点 50 分左右,深圳市南山区某小学的四年级学生小宇在放学回家的路上,突然被一块从天而降的玻璃砸中头部,小宇当场倒地,在送到医院不久之后就不治身亡。 根据警方的现场勘察,确定玻璃是从附近一栋名叫"好来居"的大厦里扔出来的。 一块从天而降的玻璃,让一个只有十岁的男孩突然死亡。2009 年 4 月 18 日上午 8 时,广州海珠区东风菜市场边上的一条巷子里,一个年轻的母亲抱着一个仅仅 103 天大的女婴去买菜,走出菜市场 200 米后,一块高空落下的红砖刚好砸中了孩子脑袋,夺去了小女孩的生命。而这块砖头却是一个 12 岁的男孩扔着玩的,当时这个小男孩正在楼上和他的两个弟弟玩耍。

科学实验表明:一个 30 克的鸡蛋,从 4 楼抛下来就会让人起肿包,从 8 楼抛下来就可以让人头皮破损,从 18 楼高甩下来就可以砸破行人的头骨,从 25 楼抛下可使人当场死亡;一个拇指大的小石块,从 4 楼甩下时可能伤人头皮,而从 25 楼甩下时可能会让路人当场送命;一个 4 厘米的铁钉,从 18 楼甩下时,可能会插入行人的脑中;纵使是一块西瓜皮,从 25 楼抛下时都可能让人当场毙命。

生活中有很多因为高空抛物而引发的悲剧,为了让这些悲剧不再发生,我们应该谨记"不能高空抛物"。

·课堂讨论·

(1)读了这篇文章,你了解到高空抛物有哪些危害了吗? 说一说。

(2)请举一件发生在你身边的高空抛物事件,并对抛物者说几句话。

(3)为了让高空抛物的悲剧不再发生,同学们,想想看,你应该怎么做?

·课后实践·

(1)请结合实际,写写你对"高空抛物引发的悲剧"的感悟。

(2)在网络上检索并观看高空抛物实验视频,把了解到的知识制作成知识卡片。

(3)请你搜集高空抛物的相关资料,并请小区管理处协助,在小区做个杜绝高空抛物的宣传栏。

5. 你能做到安全地走路吗?

·国旗下故事·

同学们都知道走路要靠右行,过马路要走斑马线,而且是在绿灯亮的时候,但是并不是每个同学都能做到。

在现实生活中,很多安全事故的发生并不是因为这些人不懂得安全知识,而是没有把安全知识落实到行动中。

2009 年 11 月 3 日,湖南常宁市某小学学生进入操场做广播体操时因为拥挤导致前面的同学摔倒,后面的同学跟得太近而踩到前面的同学,造成 6 名学生不同程度受伤。

2009 年 11 月 25 日,重庆彭水县桑柘镇某学校也发生了一起因学生走路拥挤而引起的踩踏事件, 5 名学生严重受伤,数十人轻伤。

2010 年 11 月 29 日,新疆阿克苏某小学也是在课间操时间,学生们下楼至楼梯口时发生拥挤,前面的学生摔倒后,后面的学生冲下楼梯引起踩踏,造成部分学生被挤伤、摔伤,共有 123 名学生被送进医院进行救治。

同学们,由此可见,要想提高避险能力,就必须把安全知识落实到行动中,即便是走路这样的小事也不可掉以轻心。

·课堂讨论·

（1）你平时会安全地走路吗？

（2）你和小伙伴一起走路的时候会追逐打闹吗？

（3）说说你平时看到的不安全走路的行为。

（4）讨论：怎样做一个会走路的人？

·课后实践·

（1）请结合实际，写写你对"十次事故九次快"的感悟。

（2）熟读并演练挤压踩踏事故预防要领：

①人多时不拥挤、不起哄。

②尽量避开拥挤的人群。

③遇拥挤人群不慌乱、不奔跑，靠边走。

④顺着人流走。

⑤在人群中走动，遇到台阶或楼梯时，尽量抓住扶手。

⑥在拥挤的人群中，要时刻保持警惕，当发现有人情绪不对或人群开始骚动时，就要做好准备保护自己和他人。

⑦在人群骚动时，千万不能被绊倒。

（3）如果遇到以下几种情况，该怎么做？请根据提示演练。

①假如陷入拥挤的人流时,该怎么办呢?

请演练:一定要先站稳,身体不要倾斜失去重心,即使鞋子被踩掉,也不要弯腰捡鞋子。有可能的话,可先尽快抓住坚固可靠的东西慢慢走动或停住,待人群过去后再迅速离开现场。

②若自己不幸被人群拥倒后,该怎么办呢?

请演练:要设法靠近墙角,身体蜷成球状,双手在颈后紧扣以保护身体最脆弱的部位。

③当发现自己前面有人突然摔倒了,该怎么办?

请演练:马上要停下脚步,同时大声呼救,告知后面的人不要向前靠近。

(七)尊重宽容篇

1. 懂得尊重会让我们的生活更美好

·国旗下故事·

什么是尊重?尊重其实很简单,就是你希望别人怎么样对你,你就怎么样对别人。比如说:你希望别人对你有礼貌,你就要对别人有礼貌;你希望别人不乱翻你的书包,你就不要乱翻别人的东西;你不希望被别人起花名,你就不要给别人起花名;你不喜欢别人推搡你,你就不要推搡别人;你不喜欢别人骂你,你就不要骂别人……同学们,只要我们能做到以上几点,懂得尊重,同学之间就一定可以友好相处,同学关系好了,我们的学习生活就会非常愉快。

具体说来,有以下几个方面。

(1)在态度上尊重别人。

比如课堂上老师正在讲课或同学正在发言时,我们要注意倾听。专心听讲不仅能保证我们学到知识,还能了解别人的想法,体现对老师、同学的尊重。和别人谈话时,我们也要学会倾听别人的意见,不要一味地只顾自己说,忽视他人的感受。学会倾听会让我们更容易赢得他人的喜爱。

(2)在礼仪上尊重别人。

注意搞好个人卫生,保持校服整洁。衣服旧一点不要紧,但要干净。小学生如果蓬头垢面,不仅有损自己的形象,也是对老师的不尊重。和别人打招呼时不要"喂喂……"不停,或者叫绰号。站着和别人交谈时,不要用脚连连打地。与老师、长辈交谈时,不要跷"二郎腿"。

(3)守时也是一种尊重。

和别人约好聚会,就应当准时赴约;老师安排活动更应当准时参加。上学不迟到,既是对自己的尊重,也是对同学和老师的尊重。

(4)尊重别人要注意场合。

别人开心,就别说风凉话;别人不开心,就不要兴高采烈。比如:别人没考好,就不要大谈特谈自己考得如何如何好。和别人交谈时不谈对方不愿讲的话题。

一个真心懂得尊重别人的人一定是一个受欢迎的人,这样的人一定会收获更美好的生活。

 ·课堂讨论·

(1)在课堂上,我们要怎么做才是尊重老师和同学?

(2)自我检查,看看自己在礼仪上存在哪些不尊重别人的做法。

(3)除了文中的四个方面,我们还需要从哪些方面尊重别人?

 ·课后实践·

(1)请结合实际,写写你对"敬人者,人恒敬之"的感悟。

(2)和同学做一做"照镜子"的游戏。游戏规则:一个人做另一个人的镜子,要求"镜子"跟人说的做的一样。

(3)请选择任意一种方式(A.写封信,B.当面说)向你曾经冒犯过的同学道歉。

2.懂得尊重会让你赢得更多的尊重

·国旗下故事·

　　有一位三年级的同学在自己的作文中写道:最近,有一位四年级的同学总是欺负我。事情是这样的,有一次我跑的时候她在后面追我,我没注意到她手里握着一支沾过红颜料的水粉笔,也没想到她想对我"下手"。当我反应过来时,她早就跑得无影无踪了。我呆呆地望着被她画过的书包。心里很难受。但是,我把这口气咽到了肚子里,第二天,等她接近我时,我用严肃的语气警告她,她的回答让我大失所望,本以为她会重视这件事的,没想到她竟没把这件事当回事。后来几天,她在我背后用水粉笔在调色盘上假装调颜色,然后趁我不注意,沾了颜料往我雪白的衣服上抹。她挺狡猾的,知道衣服如果紧贴着身子,我是会有感觉的。所以,她把我的衣服往外拉拉,才往上涂。这件事被我爸爸发现了。我们去找了老师,老师批评了她,她也真诚地向我道歉了。其实老师铁着心要她赔,后来我觉得没必要赔,只要她知错能改,那我们永远是朋友。宽容不等于软弱,最重要的是有一颗宽容的心,互相包容,学校这个大家庭才会变得更和谐。

　　读了这位同学的作文,每个人都会打心眼里被她的宽容所感动。别人再三捉弄她,故意在她的书包和衣服上涂颜料,她也没让别人赔,而只是希望那位同学以后不要再这么做就行了。她真是一个宽容的孩子啊。在为她的宽容感到欣慰的同时,我们也为那位涂颜料的同学的行为感到不安。因为她的行为没有考虑到别人的感受,是一种不懂得尊重别人的行为。

你是希望得到别人的尊重呢,还是希望遭到别人的捉弄呢?相信没有人喜欢遭到别人的捉弄。那么,你自己不喜欢的事为什么要对别人做呢?什么是尊重?很简单,尊重就是你喜欢别人怎么样对你,你就怎么样对别人。反过来说就是,你不喜欢别人怎么样对你,你也不能那样对别人。我们既要懂得宽容,更要懂得尊重。尊重,不仅可以让你赢得更多的尊重,还会让你获得真正的朋友。

·课堂讨论·

(1)你被别人捉弄过吗?说说当时的感受。

(2)讨论一下捉弄别人的后果。

(3)推选班上最受人尊重的同学,大家说说推选他的理由。

·课后实践·

（1）请结合实际，写写你对"尊重会让你获得真正的朋友"的感悟。

（2）请你发挥聪明才智，为班级走廊编写两条以"尊重"为主题的标语。

_____

_____

_____

_____

_____

（3）连连看：

虚心请教	自以为是	彬彬有礼	蓬头垢面	大声喧哗
尊约守时	取笑他人	懂得倾听	霸道专横	整洁大方

| 懂得尊重的人 | | | | 不懂得尊重的人 |

我能做到以上几点：

我要改正以上几点：

3.消除行动障碍,促进平等融合

·国旗下故事·

重阳节又称为敬老节,倡导大家要尊老、敬老。人老了,就会体力不支,行动有所不便。所有的老人都曾年轻过,而我们每个人都会慢慢变老。尊敬老人,关爱老人,体现了人的文明素养和社会的文明程度。

每年的10月15日也是一个特别的节日——国际盲人节。全世界有四千到四千五百万的盲人。就在我们中国,每年会出现45万的盲人,也就是每一分钟就会出现一个盲人。盲人就生活在我们中间,离我们如此之近。正是因为世界上有众多的盲人,所以1984年在阿拉伯利雅德召开的全世界盲人大会确定每年的10月15日为"国际盲人节"。设立这个节日,就是为了号召那些正常的人去关爱盲人。盲人就是眼睛看不见的人,也有人称之为"瞎子",但瞎子的称谓缺乏尊重。为什么有那么多的盲人?有些盲人是因为天生发育不良形成的,有些是因为安全事故造成的,比如遭遇了车祸、火灾、地震等灾难,还有的是小时候玩耍时摔跤、放鞭炮等造成的。所以不管何时何地一定要注意安全,安全意识很重要。但是不管是什么原因成为盲人,他们都需要我们的关爱。如果你们在街上看到一个盲人、一个残疾人,就不应该嘲笑和歧视他,而应该关爱他、帮助他。

"国际盲人节"也叫"白手杖"节,也就是说盲人的生活离不开手杖,手杖为他们的探路、行走提供了帮助。我们要成为这些盲人朋友的贴心人,成为帮助他们的手杖。一个社会有没有关爱残疾人,标志着这个社会的文明程度。在欧美发达国家几乎所有的重要的公共场合都设立了盲道。什么是盲道呢?就是方便盲人行走的道路。盲道不能有障碍,不能有台阶,坡度不能太大,在平路上也会铺设特殊材料。另外,公园、商场、机场等公共设施也有专门为残疾人设立的无障碍的洗手间,

有人可能会问为什么我们平时在街上很少见到残疾人,但是在欧美国家,却能经常看到残疾人?难道他们国家的残疾人比我们要多吗?不是的。是因为他们的公共设施很方便残疾人出来活动。还有一个更重要的原因是没有人歧视、笑话残疾人,看到残疾人都会主动去帮助他们。如果看到一个残疾人在走路,大家都会主动帮助他。试想,如果你们在街上看到一个盲人,是不是"哎呀瞎子瞎子"这样去叫而不是想如何去帮助他。如果你是这样一个人,那么你还需要学习,学习如何去尊重、去关爱残疾人。

每一年的"国际盲人节"都有一个主题,2013 年的主题就是"消除障碍,促进融合"。意思就是消除行动的障碍,促进健全人和残疾人的平等融合。我们不但要帮助残

疾人,我们还要平等友善地对待他们,让他们和我们一起共享美好人生。

·课堂讨论·

(1)为什么要设立"国际盲人节"?

(2)你知道生活中有哪些设施是为残疾人设置的吗?

(3)怎样做才是尊重残疾人呢? 举例说明。

·课后实践·

(1)请结合实际,写写你能为残疾人做些什么?

(2)请你蒙上眼睛走一段路或者吃一顿饭,体验一下盲人的生活。

(3)读读海伦·凯勒所著的书《假如给我三天光明》。

4. 努力做一个高尚的人

·国旗下故事·

从前,有一位非常富有的商人,在他年老的时候,他决定把家产分给他的三个儿子。但在分财产之前,他要三个儿子去游历天下做生意。临行前,富商告诉孩子们:"你们一年后要回到这里,告诉我你们在这一年内所做过的最高尚的事。一年后,只有能做到最高尚事情的那个孩子,才能得到我所有的财产!"

一年过去后,三个孩子回到父亲跟前,报告这一年来的所获。老大说:"在我游历期间,曾遇到一个陌生人,他十分信任我。将一袋金币交给我保管。后来他不幸过世,我将金币原封不动地交还他的家人。"父亲说:"你做得很好,但诚实是你应有的品德,称不上是高尚的事情!"

老二接着说:"我旅行到一个贫穷的村落,见到一个衣衫破旧的小乞丐,不幸掉进河里,我立即跳下马,奋不顾身地跳进河里救起那个小乞丐。"父亲说:"你做得很好,但救人是你应尽的责任,还称不上是高尚的事情!"

老三迟疑地说:"我有一个仇人,他千方百计地陷害我,有好几次,我差点儿死在他的手中。在我旅行途中,有一个夜晚,我独自骑马走在悬崖边,发现我的仇人正睡在崖边的一棵树旁,我只要轻轻一脚,就能把他踢下悬崖;但我没这么做,我叫醒他,让他继续赶路。这实在不算做了什么大事……"父亲高兴地说道:"孩子,能帮助自己的仇人,是高尚而且神圣的事,你办到了,我所有的产业都将是你的。"老三因为帮助自己仇人的高尚行为继承了父亲的全部产业。

诚实和救人都是高尚的行为,但是宽容因为难以做到,所以显得更加高尚。

只有爱才能产生爱。恨却只能产生恨。懂得用宽容的心,去对待仇恨自己的人,这样的人,才是高尚的人!

·课堂讨论·

(1)你认为怎么样的人才称得上是高尚的人?

(2)如果你是文中的父亲,你会把财产留给谁?说说你的理由。

·课后实践·

(1)请结合实际,写写你对"爱才能产生爱"的感悟。

(2)编排一个同学之间发生矛盾、处理争端的小品。

(3)完成"零矛盾"计划。

请坚持以宽容心态和同学相处,力争在两周后与班上同学"零矛盾"。

第几天	1	2	3	4	5	6	7	8	9	10	11	12	13	14
矛盾数														0

5. 比天空更宽阔的是人的胸怀

·国旗下故事·

2000 多年前的一天,孔子的学生子贡问孔子:"老师,有没有一个字,可以作为终身奉行的原则呢?"孔子说:"那大概就是'恕'吧。"孔子当时所说的"恕",用今天的话来讲,就是宽容。

美国前国务卿希拉里在 2003 年时写了一本自传,美国著名的电视节目主持人卡尔森认为她的书不会有多少人买,并在电视节目中扬言:"我敢打赌,如果销量超过一百万册,我就把鞋子吃下去。"很明显,他的话里充满了嘲讽。但上天往往喜欢捉弄把话说绝的人,希拉里的自传没过几个星期就突破了一百万册。这下主持人就变得很尴尬了,全美国人都在看他如何兑现自己的诺言——吃鞋子。还有人幸灾乐祸地跑去采访希拉里,怂恿她要求卡尔森说话算数,当众把鞋子吃下去。同学们,你们认为希拉里会怎么做?是要求卡尔森吃鞋子还是不要他吃鞋子?

希拉里亲自去定了鞋子,要求卡尔森在电视上当众吃。卡尔森只好把鞋子吃了下去,但他却吃得很高兴,因为他吃下去的是希拉里特意为他定做的鞋子形状的蛋糕。我想那味道一定棒极了,因为它里面加了一种特殊的调料——宽容。

面对主持人的嘲讽,希拉里并没有给他以猛烈的回击或等着看他吃鞋子出丑,而是用一种幽默宽容的方武巧妙地化解了这场矛盾。希拉里因宽容而更加让人敬佩。

宽容是人与人之间关系的润滑剂,也是生活中的甜味剂,可以让我们生活得轻松愉快,真正起到化干戈为玉帛的作用。

走路时,可能有人不小心撞了你;坐车时,可能有人因拥挤踩了你的脚;说话时,可能有人嘲讽你;就餐时,可能有人把汤汁洒到了你身上……如果碰到这些事,你会怎么办呢?你会宽容地对待他人吗?如果你能做到宽以待人,你就一定会拥有很多朋友。

法国19世纪的文学大师维克多·雨果曾说过这样一句话:"世界上最宽阔的是海洋,比海洋宽阔的是天空,比天空更宽阔的是人的胸怀。"宽容会让我们拥有比天空更广阔的胸怀。

 ·课堂讨论·

(1)当卡尔森得知希拉里的书销量突破一百万册时,你认为他心里会怎么想?

(2)卡尔森吃完希拉里为他准备的"鞋子"后会对希拉里说些什么?

(3)面对别人的嘲讽,你以前是怎么做的?

 ·课后实践·

(1)请结合实际,写写你对"严于律己,宽以待人"的感悟。

(2)每学期定一天作为"班级宽容日",在这一天,开展致歉宽容活动。

（3）"握手言和"：给曾经和你闹过别扭的同学写封信或发条信息，与他重归于好。

（八）诚信责任篇

1.如果你捡到了手机会怎么做？

·国旗下故事·

诚信是做人的根本。我们自小就被教育为人处世要讲诚信。不是自己的东西不能拿，即使是自己捡到的东西也应该想方设法尽快还给失主。如果你捡到了手机会怎么做呢？

美国《读者文摘》杂志社在全球 32 个城市故意丢下960 部手机，想看看到底有多少人捡到手机会归还。《读者文摘》想借此了解：当一个人面对突然出现的诱惑时，会有什么样反应与选择。事后，960 部手机中有 654 部被送还，个中细节令人动容。

在台北一家普通咖啡店里，一位年轻的母亲带着年幼的女儿准备就座时，发现桌子上被遗落的手机，她当即高声询问是谁忘带了手机，她觉得失主可能刚刚离开，还不会走得太远。后来,当调查员告诉她这是一项秘密测试,并问及她为什么要寻找失主交还手机时,这位普通的母亲诚实地说:"不是自己的东西肯定不能拿,要不怎么教育自己的孩子。"

在纽约哈林区,16岁的少年强尼正和一帮年纪相仿的伙伴玩耍,捡到手机后,他拨打了手机里预留的联系电话,便马不停蹄地去往约定的地点交还手机。当从调查员口中得知真相时,强尼无比自豪地对面前的伙伴说:"怎么样,我做对了吧!"

在瑞典首都斯德哥尔摩,火车查票员洛塔在上街购物时捡到手机,马上通过拨打手机里的联系电话寻找失主,归还手机。他告诉调查人员:我在火车上捡手机是家常便饭,寻找失主归还手机也是家常便饭。

在加拿大多伦多,29岁的莱恩是位保险业务员,他在银行的地下大厅捡到手机后,便马上归还。面对调查人员的赞扬,他指指自己手中拿着的皮包,诚恳地说:"这是应该的,我这只皮包就是别人捡到后又送还给我的。"

在匈牙利首都布达佩斯,59岁的法兰克是位流浪汉,将近6年时间一直流落街头。他在火车站月台上捡到手机后,四处看看未有失主目标,便毫不犹豫地走到一位报摊摊主跟前,托付代为交还。后调查人员问他,有没有想过据为己有,法兰克断然否决道:"绝不可以,那不是一部手机,而是诚实问题。"

香港地区一位房产经纪人林先生无偿送回了调查人

员放置的手机,告诉调查人员说,自己曾丢过一部手机,捡到手机的人接通电话后要求给他 200 美元才可以拿回手机。"那感觉非常不好。"林先生不无感触地说。

印度孟买,在一家服装店工作的中年男子在附近的一家杂货店捡起手机,左右看看,关机后悄无声息地将手机装进自己的口袋离开。但几分钟后,杂货店的店主叫了几个朋友帮忙,一起去那位男子工作的服装店,找到那位男子,并要求他立刻正确处理本不属于自己的东西。

960 部手机中有 654 部被送还,说明在我们生活的地球上还是讲诚信的人多,但毕竟还有 306 部手机没有被归还,说明还有人不讲诚信。如果你捡到了手机,你会怎么做呢?让我们毫不犹豫地寻找失主吧。从我做起,从现在做起,做诚信之人。

·课堂讨论·

(1)思考一下:306 部未归还手机的人是怎么想的?

(2)如果你捡到了东西,你会想哪些办法去联系失主?

(3)生活中你见到过哪些不诚信的行为?

·课后实践·

(1)请结合实际,写写你对"诚信是做人之本"的感悟。

（2）做个实验,和爸爸妈妈参与组织开展班级"公益笔"活动,一个星期后看看笔的数量,把实验的结果写下来。

（3）调查班上书车、实验器材的丢失情况,把调查结果公布出来。

（4）我的诚信承诺书(请一个同学监督,有不诚信行为第一次由监督人给予警告,第二次严重警告,第三次列入不诚信黑名单)。

2.如何通过正当手段挣到 20 元钱?

·国旗下故事·

杰克是个孤儿,白小生活在佛罗里达州的一所孤儿院里。在他 11 岁那年冬天的凌晨,他从孤儿院里跑了出来。他独自一人走在冷清的大街上,感觉又冷又饿。

在走过一家机械修理店门口时,店主里维兹先生叫住了他:"孩子,你想挣两元钱吗?""想啊。""那你去街头的饮料店给我买一瓶威士忌,我给你两元钱做报酬好吗?""好啊!"于是里维兹先生从收银机里拿出 20 元钱,递到了杰克手中。在去饮料店的路上,杰克一直盯着手里拿着的 20 元钱看,因为他从没见过这么多钱。走到半路,他转过身,看到里维兹先生已经不在店门口了,他开始拼命向前跑。在那一刻,他决定自己霸占这 20 元钱。

跑了几分钟,他跑不动了,就在公共汽车站的长椅上坐了下来。他一边喘着气,一边翻过来掉过去地看着手里的 20 元钱。突然,一阵很不舒服的感觉在他心里翻腾起来,他在椅子上坐了一会儿,想让那种不舒服的感觉消失,却始终摆脱不掉。后来,他从长椅上站起身,朝一家饮料店跑了过去。在店里买了一瓶威士忌,把剩下的钱和威士忌装进纸袋后,就飞快地跑回了那家修理店。里维兹先生打开纸袋,拿出了那瓶威士忌和钱,然后把两元钱塞到杰克手里。他低着头说了声"谢谢"就转身走出了那家修理店。

当他走在大街上时,那种不舒服的感觉又在心里翻腾起来,而且纠缠不去。他转回身,走回了那家修理店。他把两块钱递还给里维兹先生,"我刚才想拿走你的 20 元钱跑掉。"他坦白说。"但你最终回来了,这是最重要的。""可我有一种犯罪感。"他说。里维兹先生听了后从杰克手里拿走了那两块钱,放进了自己的衣袋说:"那我帮你摆脱那种感觉吧。"在接下来的整整一天里,他都在里维兹先生的店里干活。不知道有多少次他划破了手指,鲜血顺着他的双手流了下来。干完一天的活后,他的手指尖到胳膊都缠满了绷带。里维兹先生把他叫到了他那小小的办公室里,说:"你在我这儿干了 10 小时,按每小时两元钱算,我应该付你 20 元钱。"杰克伸出手接过了钱说:"那我还是个小偷吗?""不! 你不是小偷,孩子,绝对不是。"在离开那家修理店后,杰克走几步就停一下,看那罪恶感是否还会回来,但它彻底消失了。

在以后的岁月里,杰克一直很庆幸自己在人生路上遇见了里维兹先生,他教会了杰克如何通过正当手段挣到20元钱。

诚实守信是做人的根本,用自己的辛苦劳动挣来的钱才会让我们心安理得,才会让我们感到幸福!

 ·课堂讨论·

(1)文中两次讲到杰克有不舒服的感觉,分别是什么让杰克感到不舒服?

(2)为什么最后杰克的罪恶感消失了?

(3)谈谈自己是否有过不诚信的经历。

(4)谈谈你身边有没有通过不正当手段取得好成绩的事例。

 ·课后实践·

(1)请结合实际,写写杰克有哪些值得你学习的地方。

(2)请你尝试一次社会实践,如卖报纸,通过自己的劳动来赚取20元钱。

(3)在班上组织一次"跳蚤市场",把自己不需要的书籍、玩具等旧物拿出来交易,把赚到的钱存入个人账户。

3. 诚信是做人之本

·国旗下故事·

德国著名诗人海涅说:生命不可能从谎言中开出灿烂的鲜花。我国当代伟大的文学家鲁迅先生也说:诚信,为人之本。我们的父母和老师常常用他们的言行教导我们:"从小就要做一个有诚信的人。"那么,究竟什么是诚信? 诚信,就是要诚实、守信用,对自己、对他人、对集体要有责任感。诚信既是中华民族的传统美德,也是我们每个人为人处事的基本原则。一个人只有讲诚信,别人才会称赞他、尊重他、亲近他、信任他,有困难时才会帮助他。

在我国古代秦朝末年,有个叫季布的人,一向说话算数,信誉非常高,大家都很喜欢他。当时甚至流传着这样的谚语:得黄金百斤,不如得季布一诺(这也就是成语"一诺千金"的由来)。 后来,他得罪了汉高祖刘邦,被悬赏捉拿。结果他的朋友们不仅不为重金所动,而且冒着灭九族的危险来保护他。 由此可见,一个人诚实守信,才能获得大家的尊重和帮助。

诚信是对他人、社会的期望,但首先是对自己的要求。正如莎士比亚所说:如果要别人诚信,首先自己要诚信。

诚信是我们做人最起码的要求,但诚信的养成却不是自然而然的过程,只有通过坚持不懈、持之以恒的教育和自我教育才能化作自觉的行动。

·课堂讨论·

(1)我们应该怎样做才是讲诚信的人?

(2)说说身边像季布一样讲诚信的同学。

(3)有人认为:自己是讲诚信的,但别人不讲,我也只好不讲了。这种说法对不对? 请谈谈你的看法。

·课后实践·

(1)请结合实际,写写你对"一诺千金"的感悟。

(2)小游戏。

规则:两人一组,同向站立,前面的人向后倾倒,后面的人给予支撑。

A. 和同学玩这个游戏。

B. 游戏中,你放心地向后倒了吗? 为什么?

C. 如果可以选择,你将选谁站在你后面? 为什么?

(3)从以下活动中选择一项完成。

A. 观看电影《赵氏孤儿》。

B. 收集故事《曾子杀猪》。

C.一起来唱"拍手谣"。

你拍一,我拍一,文明礼貌记心里。

你拍二,我拍二,他人东西不要动。

你拍三,我拍三,借来东西尽快还。

你拍四,我拍四,勤学守纪要牢记。

你拍五,我拍五,各种作业认真做。

你拍六,我拍六,不懂装懂羞羞羞。

你拍七,我拍七,课间活动不互欺。

你拍八,我拍八,环境卫生靠大家。

你拍九,我拍九,团结友爱长长久。

你拍十,我拍十,永远记住讲诚实。

4.最敬业的送奶工

·国旗下故事·

今年 37 岁的王秀珍阿姨是沈阳的一名普通送奶工,六年前,她离了婚,靠着每月 1300 元的送奶收入,独自抚养着儿子。

每天凌晨两点钟,王秀珍就要起床了。她先为儿子准备一天的饭菜,两点半钟,她到奶站领取牛奶,然后再给订户送奶。她每天负责给 165 户人家送奶。而这些订户住得比较分散,有的小区一幢楼就一户,多的小区也不过十多户。无论刮风下雨,她每天都准时把牛奶送到,从没有延误一天。

一个冬天的早上送奶的路上,电动车坏了,三四点钟,整个马路上一个人都没有,想找个帮忙的人都找不着。她一边哭一边推着电动车往前走,一刻也不敢耽搁,最终保证了订户早晨喝上牛奶。一天早晨,王秀珍在送奶时,突然接到老家的电话,得知父亲因病去世了,她的内心充满了悲伤,但还是忍痛将所有的牛奶送到了订户家中。之后她立即赶往火车站,她一边想着父亲的丧事,一边想着该怎样通知订户?于是在等车时,她给订户们写留言条,字条上写着:"对不起,我爸去世了,11 月 30 日~12 月 6 日暂停送奶,12 月 7 日送奶。送奶工!"一共写了 165 张,嘱咐儿子去挨家挨户地贴通知。儿子冒着严寒忙了一整天,好不容易挨家挨户地张贴了通知。订户看了,都相信了她,并且耐心地等待她的回来。12 月 7 日,订奶户们如期收到了王秀珍送来的牛奶。

165 家用户仅凭她的一张小纸条就能踏踏实实地等上几天,让王秀珍感动。更让王秀珍没有想到的是,她回来后成了"名人"。因为沈阳晚报记者在小区偶然看到了王秀珍的停奶通知,被其敬业精神感动,于是采访她并写了一篇报道。看了晚报以后,有很多居民主动找到王秀珍订了一年的牛奶。一些好心人还纷纷打来电话,愿意帮王秀珍提供一份薪水更高而且工作轻松的活儿,但王秀珍婉言谢绝了。她说:"我很感谢我的订户在我最困难的时候支持了我,我还想继续为他们服务。"王秀珍依然每天清晨奔走在送奶的路上。她说:"就算有一天我的订奶户增加到500户,我也会准时为他们送到。"

送奶工王秀珍,没有惊天动地的事迹,有的只是一颗善良、敬业的责任心。她用行动告诉我们,感动他人,不一定惊天动地。做什么工作也并不重要,重要的是要珍惜本职工作,敬业爱岗,诚实守信。这样的人,就是最可敬、最可爱的人。

·课堂讨论·

(1)单车坏了,如果你是王秀珍阿姨,你会怎么做?

(2)是什么原因让165家订奶户仅凭王秀珍阿姨的一张小纸条就踏实等她回来?

(3)我们经常会为自己做不到的事情找借口,说说你这样的经历。王秀珍阿姨的故事给你怎样的启发?

·课后实践·

(1)请结合实际,写写你从"最敬业的送奶工"身上学到了什么?

(2)找找身边像王秀珍阿姨这样的人,把他(她)的事例写下来告诉大家。

（3）每天按时交作业是每一个学生的责任，请你坚持一学期一次不落地交作业。

5.学会对自己的行为负责

·国旗下故事·

格里是位小学生，有一天还没有到晚上放学的时间，他就哭着回到了家，送他回来的是学校里的一位叔叔。格里的妈妈问那位叔叔，这到底是怎么一回事？叔叔说，放学前小朋友们排队，可格里根本就不好好站队，总是窜来窜去的，结果不知怎么，就和一个同学起了冲突。老师批评了格里几句，他就开始哇哇地哭个不停，还跟老师嚷嚷："我没错！我没有打他！"格里的妈妈向叔叔道了谢，然后拉着格里进了门。"怎么回事？"妈妈看着两眼红红的格里问道。"我不小心和马克撞了一下，结果马克就使劲儿地推我，我踢了他一脚，马克哭了，老师就说我了。"格里脸上挂着两行泪珠，补充道："是他先推我的！"听到这里，妈妈基本上把事情的来龙去脉搞清楚了，她语气平和地问格里："难道你一点儿责任都没有吗？""没有！不是我的错！是马克先推我的！""好，现在我问你，如果你好好按照老师的要求排队，不乱跑，你能不小心撞到别人吗？你没有撞到马克，马克会推你吗？"格里默不作声了。"现在你再仔细想想,你一点儿责任都没有吗?你是男子汉,记住,不要把什么责任都推到别人的身上!遇事仔细想一想,为什么别人会这样对你,你是不是做了什么不对的事情。"最后,妈妈对格里又说了这样一句话:"你得学会对自己的行为负责!"格里用力地点了点头。

在家里,在学校里,在日常生活中,我们难免会和兄弟姐妹、同学、小伙伴起冲突,有争执,但是我们一定要首先学会反省自己的行为,学会为自己的行为负责,而不是为自己的行为找借口,把责任都推到对方身上。一个从小就学会为自己的行为负责任的人,长大了才会成为一个有责任感的人,才会赢得别人的爱戴和尊重。

·课堂讨论·

(1)你觉得马克有错吗?错在哪里?

(2)你和同学或兄弟姐妹发生过争执吗?说说某次争执的经过并分析谁对谁错。

(3)承认错误是需要勇气的,谈谈自己勇于承认错误的一件事。

·课后实践·

(1)请结合实际,写写你对"学会对自己的行为负责"

的感悟。

（2）主动向与你有过争执的同学承认自己的错误，承担自己应当承担的责任。

（3）班里每天都有各种争执发生，请你在这种时候做同学之间的调解员。

（九）学习创新篇

1. 你准备好了吗?

·国旗下故事·

有一个年轻的猎人带着充足的弹药、擦得锃亮的猎枪去寻找猎物。他爸爸劝他在出门之前把弹药装在枪筒里，他却不耐烦地说:"我到达打猎的地方需要一个钟头，哪怕我要装一百回子弹，路上也有的是时间。"于是他带着弹药和空枪出发了。

可是他走了大约 30 分钟的路程，就看到了一个湖，发现一大群野鸭密密麻麻地浮在水面上。他急忙拿起枪射击，心想:一枪准能打中六七只野鸭，够吃上一个礼拜的了。可是枪没有响，他这才想起枪里没有子弹，于是急急忙忙开始装子弹，就在他忙着装子弹的时候，野鸭发出一声鸣叫，一齐飞了起来，很快就飞得无影无踪了。他安慰自己道："没关系，还有时间，我还会遇到猎物的。"可是命运好像故意要和他过不去似的，他走到天黑，也没再发现猎物，偏偏这时天又下起了雨，他由于没有带雨具，被大雨淋得浑身都湿透了。

这个故事告诉我们，做任何一件事情，都必须事先做好准备工作，才能有所收获。对于学生来说，上课就像打猎，猎取的不是小动物，是知识。在这个过程中，我们也需要做好上课前的准备工作。做好课前准备工作是帮助我们取得好成绩的一个重要环节。这样上课的时候，你就能集中精力听老师讲课了。如果你没有做好课前准备，老师开始讲课的时候，你还在翻书包、找课本、拿文具，就会错过老师讲授的一些知识，就像刚才那个故事里的没有做好准备的猎人一样，最终什么猎物也打不到，空手而归。

课前准备要按照以下的要求去做：

（1）首先要按老师的要求做好预习。

（2）在下课时赶紧去洗手间。

（3）值日生要把黑板擦干净。

（4）把下一节课要用的书本、文具准备好。

（5）下课时不做剧烈的运动，不跑到离教室很远的地方。

（6）上课预备铃响后快速进入教室，安静地等待老师讲课。

上课是我们获取知识的过程，谁能在上课之前做好准备,谁就能学到更多的知识。

·课堂讨论·

（1）故事中的年轻人为什么一天下来都没有打到猎物,还被大雨淋了个透?

（2）你是怎么做课前准备的?

（3）你认为自己在做课前准备方面还存在哪些问题?举个例子说说。

·课后实践·

（1）请结合实际,写写你对"凡事预则立"的感悟。

（2）请你了解:滨海小学学生"课间五部曲"行为指引。

一净:下课铃响起,学生整理干净桌面,检查地面是否干净。

二备:立即将下节课所需要的书本拿出来,整齐地放在书桌左上角。如果第2节课是需要到功能室或操场上课的,需要将再下一节课的书本准备好,并做好后三步。

三推:将椅子轻轻推到书桌下面。

四齐:把桌椅前后左右对齐。

五排:到教室外快速排好队,安静排队到其他场地上课。

想一想:在这个基础上,你还可以做哪些准备呢?

_____

_____

(3)假如你要参加校运动会50米赛跑的比赛,你觉得应该做哪些准备?

_____

_____

_____

(4)案例分析

又到了一年一度的文艺汇演了,滨海小学皮影社的节目《白猫和黑猫》也将参与演出。经过紧张的训练,孩子们都紧张而又兴奋地期待着演出的开始。在演出前装皮影架子的时候,负责皮影社团的黄老师大惊失色,挂皮影背景的钩子断了,幸好黄老师带了铁丝和针,做了一个钩子,把它缝在挂钩子的绳子上,皮影戏才顺利开始。演出结束了,大家都松了一口气。

想一想:从这个案例中,你体会到了什么?

_____

_____

_____

2. 作业为谁而做？

·国旗下故事·

　　每天做作业是为了巩固当天所学的知识，按时完成作业也是每个学生应尽的责任。可是每天都有学生不能按时完成作业甚至不做作业。面对每天都不能交齐的作业，老师们苦恼极了。

　　大约四十年前，在韩国的一所中学里，一位英语老师给他的学生布置了一份作业，他要求他的学生每天都要将当日所学课文抄写十遍。这是一份枯燥费时的作业，刚开始，全班都很积极地去完成，但后来大家发现，老师很少对作业进行检查，所以渐渐地，按要求抄写的人越来越少了。多数人每天只写五六遍敷衍了事，更胆大的则是知道老师要来查看才匆匆赶写应付。转眼到了期末，老师突然决定对整个学期的作业进行全面检查，结果发现全班只有一个人从头到尾、一丝不苟、不折不扣地完成了那份作业，而且还是超额完成，因为他在抄写的时候，还将这些内容全背了下来！这个人名叫潘基文，曾任联合国秘书长。

　　从这个故事中我们可以知道，潘基文清楚地知道作业是为谁而做的，既不是为老师做的，也不是为父母做的，更不是为了应付老师检查做的，而是为自己掌握所学知识而做的。所以即使老师不检查,也应该认真完成老师布置的作业。因为认真完成作业是取得好成绩的重要保证。

·课堂讨论·

（1）你有没有过不按时交作业的情况？请自我检讨一下。

（2）如果老师不检查作业,你还会做吗？

（3）对"作业为谁而做?"这个问题,你是怎么看的,谈谈你的想法。

·课后实践·

（1）请结合实际,写写故事中潘基文给你的启发。

（2）调查:回顾自己本学期不交作业的情况并反思。

日期	不交作业的理由	老师的处理情况	自我反思

（3）每月评选班级"全勤作业奖",并在班上举办优秀作业展。

3.学习贵在专心

·国旗下故事·

三字经里有这样一句话:教之道,贵以专。意思就是说教育好一个人的方法,贵在教导他专心致志,始终如一。中国古时候有一个人叫秋,他非常会下棋,因此大家称他为"弈秋"。弈秋不但棋艺精湛,为人也很热心,只要有人向他请教下棋,他一定会解说到他人明白为止。有一次,有两个人慕名来向弈秋学习下棋,其中一个人相当用心,全神贯注地听弈秋教授棋艺,并不时提出问题请教弈秋;另一个人表面上看起来好像在听讲,其实常常望向天空,想象着有大雁要飞过来,并幻想着自己可以将大雁射下来,表示自己的箭术惊人。结果,很专心的那个人,完全得到了弈秋的真传,成为一位有名的棋手;另一个人,则只是学到一点儿皮毛,连刚学棋的小孩都能赢他。为什么相同的老师,相同的学习环境,两个人的棋艺成就却相差那么多呢?这充分说明了要想学习获得成功,在很大程度上取决于是否专心。

学生在学校里学习文化科学知识,主要是在课堂上进行的。学生在课上的表现将直接影响到学习的质量,在同一个班级里,我们经常会发现那些上课认真听讲、积极动脑、乐于表达、善于倾听、勤于记录的同学往往成绩比较好,而那些不专心听讲的同学,尽管很聪明,成绩却不太好。所以同学们一定要养成上课认真听讲的良好习惯,这样才能取得理想的成绩。学习的方法,最重要的就是专心。

·课堂讨论·

(1)对照一下,说一说你是文中的第一个学生还是第二个学生。

(2)班上谁能做到像文中那个专心的学生一样?说说他的事例。

(3)你认为怎样做才能让自己专心听讲,与同学们分享一下你的经验。

·课后实践·

(1)请结合实际,写写你对"贵以专"的感悟。

(2)数"舒尔特"方格。

注意力是可以训练的,只要我们坚持练习,注意力就会提高,你就会比原来更专心地学习。

做法:看方框,按1~25的顺序找数字并计时,记录每次所用的时间,自己制作几张"舒尔特"方格,每天练习,两周后检测自己的注意力是否有提高。

11	18	24	12	5
23	4	8	22	16
17	6	13	3	9
10	15	25	7	1
21	2	19	14	20

（3）和家长交流，让他们说说自己当年的学习经历。

4. 好奇心是创新的动力

·国旗下故事·

美国著名科学家、诺贝尔物理学奖获得者爱因斯坦在别人问到他成功的秘诀时说："我没有别的天赋，我只有强烈的好奇心；我没有别的才能，不过是喜欢寻根究底地追问问题罢了。"他始终认为自己的成功来自自己拥有的狂热好奇心。两次诺贝尔奖获得者居里夫人也说："好奇心是学者的第一美德。"为什么好奇心可以让人获得成功？为什么好奇心又是科学家必备的素质呢？英国著名思想家培根的话让我们找到了答案。培根说："知识是一种快乐，而好奇则是知识的萌芽。"也就是说好奇心会让你不断学习，掌握越来越多的知识；好奇心促使你不断探究，努力找寻解决问题的方法。可以说好奇心是通往创新之路的动力。

科学家大都具有强烈的好奇心。英国物理学家牛顿小时候看到树上的苹果熟了掉到地上,他就感到很好奇。他想,苹果熟了为什么都掉到地上来,而不会向其他方向掉呢?长大后,他努力学习、刻苦钻研,最终发现了万有引力定律。美国科学家爱迪生小时候对什么都感兴趣,对自己不了解的事情总想试一试,弄个明白。有一次他看见母鸡窝在鸡蛋上孵小鸡,他感到很好奇。他想:母鸡为什么会孵出小鸡来呢?于是他自己拿了一些鸡蛋,也像母鸡一样窝在上面,想孵出小鸡来,虽然最后没有孵出小鸡,但爱迪生寻根究底的好奇心使得他后来成了举世闻名的大发明家。我们现在用的电灯就是他发明的。可以说没有爱迪生,我们可能至今都生活在黑暗中。英国还有位科学家名叫瓦特,也是因为好奇心发明了蒸汽机。在瓦特小的时候,他就发现每当炉子上壶里的水烧开后,壶盖不仅会发出响声,还会被水蒸气顶起来。长大后,通过进一步的学习研究,他发明了蒸汽机。为世界的经济发展做出了很大的贡献。

你有好奇心吗?你会对什么感到好奇呢?你会为了自己的好奇心而努力学习,直到找到解决问题的方法吗?如果你有好奇心,并愿意为自己好奇的问题长久地思考,终有一天你也会找到答案的,说不定你也会成为像爱因斯坦和牛顿一样的大科学家呢。

·课堂讨论·

（1）请你结合自己的经历谈谈什么是好奇心。

（2）你是否有过因为好奇而取得进步的经历，分享一下。

（3）有人认为，"好奇心不好，它会让我们铤而走险。"你是怎么看的？和同学们讨论一下。

·课后实践·

（1）请结合实际，写写你对"好奇是知识的萌芽"的感悟。

（2）"好奇心"抢答竞赛。

①毛毛虫有眼睛吗？

②蚂蚁的脚长在身体的哪个部位？

③宇航员的航天服有什么作用？

④雨后树桩旁为什么会长出蘑菇？

⑤小猫为什么从高处摔下来会安然无恙？

（3）好奇总动员。

老师每天用黑板擦，发现了许多问题：

①擦黑板时，黑板擦能否将粉尘吸进去呢？

②黑板擦经常掉到地上，能不能设计出粘在黑板上的黑板擦呢？

············

就黑板擦继续提出你认为可以改进的方面并和同学一起尝试解决。

（4）读一读《十万个为什么》。

5.想象力是创新的源泉

·国旗下故事·

古希腊哲学家亚里士多德说："想象力是发明、发现及其他创造活动的源泉。"而世界著名科学家爱因斯坦则说："想象力比知识更重要，因为知识是有限的，而想象力概括世界的一切，并且是知识进化的源泉，严格地说想象力是科学研究中的实在因素。"

那么什么是想象力呢？英国著名作家《哈利·波特》的作者罗琳说："想象力是一种能促使人类预想不存在事物的独特能力。"具体地说，想象力就是在已知的事实或已有的观念的基础上，在思想上创造出新形象的能力。比如说100多年前美国的莱特兄弟，他们发现鸟有翅膀、会飞，于是他们就联想到仿照鸟会飞的原理，发明创造出一种能载人到天空中的飞行器，经过不断地学习、实验，莱特兄弟终于发明了飞机；还有英国科学家瓦特，看到炉子上的水烧开后，壶盖会发出响声，他感到很好奇，经过仔细观察，他发现是水蒸气把壶盖顶起来发出的声响，于是他就联想到可以利用水蒸气把壶盖顶起来这一原理，发明创造出用蒸汽做动力的机器。

如果说好奇心是人类进步的动力，那么想象力就是创新的源泉。莱特兄弟和瓦特首先对生活中发生的一些现象感到很好奇，然后就努力去学习相关的知识，努力寻找产生这些现象的原理，继而依据这些原理展开丰富的联想，神奇的想象力最终帮助他们发明了飞机和蒸汽机。世界发明大王爱迪生一生有 2000 多种发明，无一不是好奇心和想象力的结果。

想象力不是生来就有的先天素质，而是后天培养的一种能力。那么怎样才能培养自己的想象力呢？首先要多观察，善于捕捉大自然和实际生活中产生的一些现象；其次要多思考，多问一些为什么，保持和发展自己的好奇心；第三要多学习，积累和丰富自己的知识和生存经验；第四要多联想，多动手实验，努力把自己的设想变成现实。一句话，想象力其实就是观察力、思考力、学习力和动手能力的开发和应用。

·课堂讨论·

（1）假如你看到炉子上的水烧开后，壶盖发出响声，你会想到些什么？

（2）你认为想象力是什么？举例说明。

（3）想象力是可以培养的，我们应当怎样培养自己的想象力？

·课后实践·

（1）请结合实际，写写你对"想象力是创新的源泉"的感悟。

（2）连连看。

莱特兄弟　　　　　电影放映机

爱迪生　　　　　　锯

麦布里奇　　　　　飞机

鲁班　　　　　　　石油

李四光　　　　　　电灯

（3）你一定知道砖的用处是造房子吧？但是若你朝更多的方向去考虑，你就会发现砖的用途还很广呢，请在表中列出来。

	用途种类	具体用途
砖的用途	建筑	建造房子、铺路等

(十)合作交往篇

1.团结协作力量大

·国旗下故事·

　　每到秋季,天空中就会有成群结队的大雁向南方迁徙,而这南飞的雁群就是一支完美的团队,雁群是由许多有着共同迁徙目标的大雁组成的。在组织中,它们有明确的分工,当队伍中途飞累了停下休息时,它们中有负责觅食、照顾年幼或老龄大雁的青壮派,有负责雁群安全的巡视放哨的大雁,有负责安静休息、调整体力的领头雁。在雁群进食的时候,巡视放哨的大雁一旦发现有敌人靠近,便会长鸣一声给出警示信号,群雁便整齐地冲向蓝天,列队远去。而那只放哨的大雁,在别人都进食的时候自己不吃不喝,非常警惕,恪尽职守。据科学研究表明,大雁组队飞行的速度要比单独飞行提高 22%,在飞行过程中,雁群大声嘶叫以相互激励,如果在雁群中,有任何一只大雁受伤或生病而不能继续飞行,雁群中会有两只大雁自发地留下来守护照看受伤或生病的大雁,直至其康复或死亡,然后它们再加入新的雁阵,继续南飞到达目的地,完成它们的迁徙。这种团结协作的精神在英语中称作 teamwork,它在人们的工作和生活中非常重要。

一个具有团队合作精神的人懂得和别人很好地沟通,相互包容,互相激励,以完成共同的目标,这样的人会成为受欢迎的人,更能取得成功,享有幸福的人生。

·课堂讨论·

(1)大雁为什么要组队飞行?

(2)请你和同学们分享,你与别人团结协作完成的一件事。

(3)怎样让你的班集体变得更加团结协作? 大家议一议。

·课后实践·

(1)请结合实际,写写你对"团结协作力量大"的感悟。

(2)"背气球"游戏,检验一下哪个小组最会合作。

游戏规则:两人一组,背靠背、手挽手,夹着气球从起点运球绕过椅子再次回到起点,最先回到起点的队伍胜出。跑动过程中,如气球落地、用手触摸气球、气球爆破则需从起点重新出发。

（3）请搜集并阅读"小水珠的故事"。

2. 保持自己的水准

·国旗下故事·

有一位教授带着他的孩子到市场去买水果。他在挑选水果的时候，卖水果的小贩不耐烦地说："你到底买不买啊？不要总这样挑来挑去的！"教授礼貌地说："要买，要买。"教授把挑好的水果递给小贩，并且问："多少钱？"小贩依旧很不耐烦地说："这可很贵哟！你买得起吗？"教授依然是很有礼貌地说："买得起，买得起。"他把钱递给小贩，买好水果，就带着小孩回家了。

在回家的路上，他的孩子忍不住地说道："爸爸，您是大学教授，是我心中最为敬仰的人，为什么这位小贩这么无礼地对待您，您却能够忍受，难道您真的一点儿都不生气吗？"教授说："待人有礼、谦虚是我做人的水准，无礼、粗鲁、势利是小贩的水准，我不能够因为小贩的粗鲁而降低我的水准，我要保持自己的水准。"

在学校经常有同学因为这样或那样的事情发生争执，他们总是说"是他先骂的我""是他先打的我"。

打人、骂人是不对的，那么你能够因为他的这种不对的行为而降低你的水准吗？仔细想一想，你个人的水准是什么？不要因为别人做得不对而跟着他去做。比如说，同学在走廊上撞到了你，也许他是不小心的，即便是他有意撞了你，你一定要回撞他吗？又比如，大家都觉得我们学校很干净，但是一走出校门，你就发现到处都是零食袋，我想这应该是我们学校的同学丢的，如果我们只能保持校园里面干净，而一出了校门就可以随意地丢垃圾，这种做人的水准对吗？再比如，你看到同学丢垃圾，也跟着一起丢，对不对？又再比如，上学迟到就是自己没有尽到做学生的责任，那么就应该按照学校的规定，登记你的姓名、班级。学校这个规定也只是想促使同学们不要迟到，但是有些同学就故意报另外一个班级，让另外一个班级扣分，这种做人的水准对吗？那么如果你这样做了，你做得对吗？

有水准的人，不管在什么时候，都应该保持自己的风度，不要因为一点儿小事就与人争吵，只有没有修养的人才会口吐狂言，如果你也跟着他发狂，你也会变成和他一样没有修养的人。一个真正有水准的人就是一个有修养的人，他是不会跟别人因为一点儿小事而斤斤计较的，也不会动不动就跟别人大声争吵。

·课堂讨论·

（1）在你心目中，什么样的人是有水准的人？

（2）文中教授的水准是待人有礼、谦虚，小贩的水准是无礼、粗鲁、势利,你的水准是什么? 举例说说。

（3）你和同学或家人产生矛盾时,你会怎么处理呢?

（4）怎样做才能保持自己的水准呢?

·课后实践·

（1）请结合实际,写写你对"保持自己的水准"的感悟。

（2）保持自己水准的人:

①热心班集体活动,对工作负责。　　　　　　　（　）

②和别人有小冲突的时候,能小事化了,不计较,有风度。　　　　　　　　　　　　　　　　　　　（　）

③不炫耀、不自命不凡,能虚心学习别人的长处。（　）

④能接受别人的意见,有了过失能勇于承认,及时修正。　　　　　　　　　　　　　　　　　　　　（　）

⑤别人取得成绩,会为他高兴;善意批评同学。　（　）

⑥学习努力,要求上进。　　　　　　　　　　　（　）

⑦待人有礼貌,尊敬师长,遵守纪律。　　　　　（　）

⑧诚实,信守诺言。　　　　　　　　　　　　　（　）

⑨仪表整洁。　　　　　　　　　　　　　　　　（　）

⑩不和别人比坏。　　　　　　　　　　　　　　（　）

如果你做到了,就在以上选项后的括号内打"√",没有做到的就打"×"。

> 肯定的回答越多,说明你的水准越高。

(3)你来说说吧。

小枫在学校是卫生管理员,而一出了校门就随意地丢垃圾,在家里要爸爸妈妈收拾自己的房间。你对他有什么建议?	草坪上立着"请勿践踏草坪"的警示牌,但是很多人为了抄近路,经常往草坪上走,以至于草坪上出现了一条光秃秃的"小路"。如果是你,你会怎么做呢?

(4)试一试:你是否遇到过让你很生气的事情,那么请根据以下方法训练自己,提升自己的水准。

心理学专家提出的五个避免生气的方法:

第一,躲避;

第二,转移,人家骂你,你去下棋、钓鱼,没听见;

第三,释放,但要注意,对待人家骂你的释放方法并不是让你再去骂别人,是找知心朋友谈谈,释放出来,如果把事情放在心里时间长了会得病的;

第四,升华,就是人家越说你,你越好好干;

第五,控制,这是最主要的一个方法,就是人家怎么骂你都不怕。这一点很重要。

在生气之前数20秒,对自己说不要生气,千万不要生气。

为小事生气的人,生命是短暂的。

保持水准不是一朝一夕的事情,需要坚持。

3. 闻过则喜

·国旗下故事·

俗话说:金无足赤,人无完人。每个人都有长处,都有优点,每个人也都有不足,都有缺点。所以我们每个人都要坚持自己的优点,努力改正自己的缺点。

虽然我们知道每个人都有缺点,但是每当有人指出我们的缺点和不足的时候,我们明知道他说的是对的,但是心里总还是有些不太高兴。这样的态度不仅不利于我们改正缺点,而且以后也没有人再愿意来指出我们的不足了。

那么,有没有人很高兴别人指出自己的缺点和不足呢?两千多年前就有这样一个人,他叫子路,是孔子的学生。子路为人诚实,刚直勇敢,他每次听到别人指出自己的错误和缺点时,都会虚心接受,并且十分高兴。所以后人把他称为闻过则喜的典范。这也是成语"闻过则喜"的由来。闻,就是听到;过,就是过错;喜,就是高兴;子路听到别人指出自己的过错,心里就感到很高兴,因为自己可以改正缺点,弥补不足了。

子路之所以被后人视为典范,是因为并不是每一个人都可以做到闻过则喜的,很多人一听到别人指出自己的错误或说自己不好就恼羞成怒,不但不改正错误,反而嫉恨给他指出错误的人,这样他的错误就永远得不到改正了,他也就不会取得进步了。

·课堂讨论·

(1)说说你身上的优点和不足。

(2)请两个同学说说你的不足,看看与自己找出的不足之处是否相同。

(3)以前别人指出你的不足时,你是高兴还是不高兴?

·课后实践·

(1)请结合实际,写写"闻过则喜"的子路给了你什么启发。

(2)别人批评你时,你会怎么处理?(在括号里打"√")

虚心接受。　　　　　　　　　　　　( )

马上批评别人。　　　　　　　　　　( )

检查一下自己有没有做错。　　　　　( )

当没听到。　　　　　　　　　　　　( )

(3)结合自己的经历编一个"闻过则喜"的小品,并和同学一起表演。

4. 不要比坏

·国旗下故事·

　　每到春天,滨海小学的科学老师都会组织同学们种植凤仙花。半个月前,我们学校三年级的同学在科学老师的带领下又开始了种植凤仙花的科学体验活动。很多同学都兴致勃勃地从家里带来花盆,小心翼翼地把凤仙花的种子埋进土里,然后每天给花浇水,盼着凤仙花的嫩芽能早点破土而出。等啊等啊,凤仙花在同学们的精心呵护下终于长出了嫩芽,同学们的心里别提有多高兴了,一心盼着嫩芽能继续生长,开出花来。可是,好景不长,有些好不容易长出的凤仙花的嫩芽却不知被哪个同学拔掉了。为此,种花的同学急得眼泪都快要掉出来了。为什么会有人去拔凤仙花的嫩芽呢?这是一种非常坏的行为,既不尊重别人的劳动成果,也不爱护植物。对于种花的同学来说,自己辛辛苦苦种的花被别人拔掉了,确实是一件很让人生气的事。生气之余,我们又该怎么做呢?是也去拔掉别人的凤仙花的嫩芽吗?可能有些同学会想:反正我的花被拔了,我也去拔别人的花。如果同学们这样想了,那就错了。如果同学们这样做了,那就更错了。因为明知道这件事不对,自己却也跟着去做,这就是在跟别人比坏。比坏的结果就是使事情变得越来越坏。

有一次,楼道里两个同学在互相推搡,一位老师制止了他们,并问他们为什么要这么做,他们一个说是对方先骂自己的,一个说是对方先打自己的,总之都是别人有错在先。别人错了,你也跟着错,这就是在比坏,比坏的结果就是两个人打了起来。

在日常生活中,你有和别人比坏吗?比如:别人上课不听讲,你也不听;别人打你一拳,你就踹他一脚;别人下课在楼道里奔跑,你也跟着大声喧哗;别人随手乱丢纸屑,你也跟着乱丢矿泉水瓶;别人上完厕所不冲水,你上完厕所也不冲水……这些行为都是在跟别人比坏。比坏的结果就是让自己变得越来越坏。

永远不要和别人比坏!只有跟别人比好才会让自己变得越来越好!

·课堂讨论·

(1)你种过凤仙花吗?你的凤仙花被其他同学伤害过吗?你是怎么做的?

(2)你有跟别人比坏的经历吗?

(3)小组讨论:如果大家都比坏,结果会怎样呢?

·课后实践·

（1）请结合实际,写写你对"不要比坏"的感悟。

（2）身边的榜样:滨海小学六（5）班的吴雄伟同学看到垃圾桶旁边有其他同学"投篮不准"乱扔的垃圾就会马上打扫干净,每天坚持查看垃圾桶旁的卫生情况。在他的带动下,有越来越多的同学做正确的事情,比如蒋志文每天都会主动把书车整理得整整齐齐的。你身边有这样的同学吗? 向他们学习吧。

（3）有人认为:我不和别人比坏,但如果大家都做得不好,我一个人做好又有什么用呢? 比如:大家都乱扔垃圾,地板已经很脏了,我一个人不扔垃圾也改变不了什么,或者是教室里的垃圾反正大家都不捡,我一个人捡也起不了多大作用;大家都不排队、不遵守交通规则,我一个人排队、遵守交通规则也无济于事。你的观点是什么?

_____

_____

_____

_____

（4）遇到一些不好的行为或者别人对你做了不好的事情,你有哪些应对的办法?

_____

_____

_____

_____

_____

5. 愿我们都有一颗橘子的心

·国旗下故事·

金秋是橘子飘香的季节。橘子色彩鲜艳、酸甜可口，是秋冬季常见的美味佳果。橘子的营养也十分丰富，一个橘子所含有的维生素 C 就几乎满足了人体每天所需的量。橘子还含有丰富的天然抗氧化剂，每天吃一到两个橘子，不仅能预防心血管疾病，还能有效地消除疲劳，所以很多人都喜欢吃橘子。

有一天，一个喜欢吃橘子的孩子手持一个橘子问妈妈："为什么橘子不能拿来就吃，而要剥皮呢？"

"孩子，那是橘子在告诉你，你想要得到的东西，不是伸手就能得到，而是要付出相应的劳动的。"妈妈说。

"妈妈，为什么橘子里的果肉是分成一小瓣一小瓣的，而不是一个完整的呢？"

"孩子，那就是在告诉你，你手中的东西，不能独自占有，不能独自享用，而要懂得与人分享。如果你手中有一个橘子,那就要懂得把橘子分成很多份,然后分给别人与你一起分享。"

愿每个人都有一颗橘子的心,懂得有努力才有收获,懂得好东西要和大家一起分享。

·课堂讨论·

(1)关于分享,你们想起了哪些经历或故事呢? 说一说吧。

(2)除了分享,橘子还告诉我们什么道理?

·课后实践·

(1)请结合实际,写写你认为"橘子的心"想告诉我们什么道理?

(2)设立班级"分享日",每位同学都把自己的心爱之物拿来和大家分享,体验分享的快乐。

(3)组织一次社区读书分享会,写出自己带了哪几本书。

(4)把自己家里不用的玩具、文具、衣服拿出来整理一下,找一下自己所在小区的"分享站",送过去。搜集本社区所有"分享站"的电话号码,记录下来,跟你的同学分享。

三、聚焦国旗下课程的实施与效果

（一）学生篇

1. 别样的国旗下讲话

四（2）班　马　攀

2014新年伊始，因为转学，我来到滨海小学继续我的学业。虽说是转入了新的学校，但我对她一点儿也不陌生，因为在踏入这座美丽的校园之前，我就听到过许多关于她的传奇故事。其中，我最好奇的是每周一早上的"国旗下的感想"，我很纳闷，什么是国旗下的感想呢？难道是让我站在国旗下去想事情吗？我渴望知道真相……

今天是开学第一天，恰好是星期一。我想象已久的"国旗下的感想"就要揭开她神秘的面纱了！清晨，我兴奋不已，六点钟就睡意全无了，在焦急的等待中，终于到了上学的时间，我迫不及待地向学校奔去。

8点10分,我们便齐刷刷地站在了国旗下。站在队伍里,我一直在留心悄悄观察,想看看滨海小学的"国旗下的感想"和我之前学校的到底有什么不同。一直等到鲜艳的五星红旗雄赳赳地飘扬在旗杆的顶端,我也没有发现这个升旗仪式到底有什么特别之处。

令我惊诧的是,在常规的升旗仪式结束之后,伴着鼓号手们整齐而洪亮的演奏,我们的李校长从人群中走了出来,坚定地站在了升旗台上,她庄严的样子让我不禁有点儿惴惴不安:校长究竟想要干什么呢?

谁知,校长的第一句话,就让我彻底呆住了:"今天,我给大家带来了一个小故事。""一位女孩子十分听话,乐于助人,爸爸妈妈都说她是个好孩子。相反的,她的弟弟十分淘气。有一次,她的弟弟做了一件好事,得到了一块饼干的奖赏,可她做过许多好事,却很少甚至没有得到过奖赏。为此,她给一位报刊的主持人写了一封信。主持人是这样回答的:你成为一个好孩子,这就是对你最好的奖赏。"

我在惊讶中听完了整个故事,啊,国旗下的感想原来是这样的,我恍然大悟。渐渐的,心情由最初的新奇,慢慢变得沉重起来,也开始了我深深的思考。

对于这个故事,我深有同感。我也常常想:为什么我那么努力,却没有得到表扬呢?我家里有个两岁半的弟弟,我妈妈常常表扬他,却很少表扬我,让我非常生气。记得有一次,我和弟弟玩遥控赛车,我玩得明显比弟弟好很多,可妈妈却一直在表扬弟弟,一会儿说:"宝贝,转弯转得很好!"一会儿又说:"宝宝,刹车很及时!"我越听越生气,便对我的车来了个漂移,朝弟弟的车撞去,只听"轰"的一声,弟弟的车被撞进了草坪,轮子也掉在了草坪上。"哇"的一声,弟弟哭了,妈妈看到这一幕,满脸怒气,对我说:"你怎么能这样撞弟弟的车!"我当时既幸灾乐祸又十分委屈,谁让你不表扬我呢?

因为早上听了校长讲的故事,放学回家后,我迫不及待地和妈妈谈了我和弟弟的这件事,妈妈笑着对我说:"傻孩子,你9岁了,妈妈认为你会玩遥控赛车是很正常的事,还需要表扬吗?"何其相似的故事啊!

那天晚上,我和妈妈促膝长谈,我终于明白了奖赏的意义。在以后的学习和生活中,如果得到奖赏,我会非常开心,因为这代表着我的进步;如果我认真努力地做了却没得到奖赏,我也会开心,因为这代表着我一直做得很好。也许有时我还是会为奖赏与否而苦恼,但我会时时想起这个故事,告诉自己努力做好自己才是最重要的,是李校长的这次国旗下讲话打开了我的心结。

感谢李校长的国旗下讲话。我很庆幸能在滨海小学度过我剩下的小学时光,能用接下来的三年时间,去细细品味每周校长的国旗下讲话。我相信,从那一串串的小故事中,我能收获受益终生的道理,并以之为镜,正言行,端品行;我也相信,当我做到了这些,才不会辜负校长的谆谆教诲和深深期望。

2. 做最好的自己

六(3)班　　巫雨菲

　　早上,阳光明媚,和风送暖。今天妈妈送我去艺校学长笛。一路上,我心情格外兴奋,又能见到蔡老师啦! 蔡老师是我的长笛老师,她温柔可亲,有一双会说话的眼睛,说话时,声音很甜美。

　　很快,我们就到了艺校,走进教室,看到蔡老师,在打完招呼后,蔡老师一边微笑,一边对我说:"菲菲,你把上周学的内容吹吹。"

　　我从盒子里拿出长笛,吹了起来。一首曲子还没有吹完,蔡老师就夸我道:"吹得不错啊!"

　　这时,我妈妈对蔡老师说:"她每天吹笛时,总是跟我说,要做最好的自己呢。"

　　"做最好的自己,说得多好啊!"蔡老师高兴地说。

　　"这句话是我们学校李校长在国旗下讲话时说的,她告诉同学们要做最好的自己。"

　　接着,蔡老师问我:"你们李校长每周都在国旗下给你们讲道理吗?"

　　"不是讲道理,李校长是在国旗下给我们讲故事,每周星期一,滨海小学的同学都津津有味地听李校长讲故事。"我自豪地对蔡老师说。

　　蔡老师十分羡慕地说:"做滨海小学的学生真幸福

啊！那你说说,李校长在国旗下是怎样给你们讲'做最好的自己'这个故事的?"

我不慌不忙地说:"李校长说,一位本领高超的木匠,因为年事已高,告诉他的老板,他要离开建筑业,退休后好好享受生活。老板实在是舍不得他的离去,所以希望他能在离开前再盖一栋高品质的房子。木匠欣然答应了,不过令人遗憾的是,这一次他并没有用心,他草草地用劣质的材料就把这间屋盖好了。房子落成后,老板把大门的钥匙交给这个木匠说:'这就是你的房子了,是我送给你的礼物!'木匠实在是太懊恼了。因为如果他知道这间房子是他自己的,他一定会用最好的木材,用最精致的工艺来把它盖好。我听了李校长讲的这个故事,体会到我们所做的每一件事,正是在为自己做活儿,都是在准备为自己的梦想建造一间房子。"

蔡老师听我说到这里,语重心长地对我说:"是啊! 我们要付出百倍的辛劳,以饱满的热情来对待学习。不然的话,我们也只能住进自己为自己建造的最后的也是最粗糙的'房子'里。"

这时,妈妈对蔡老师说道:"李校长每周的的国旗下讲话,她回到家如数家珍,娓娓道来,可受启发呢!"

"做滨海小学的学生真幸福啊!"蔡老师接着又说:"菲菲,好好努力,将来成为出色的演奏家!"

"李校长说过:如果你不能成为大道,那就当一条小路;如果你不能成为太阳,那就当一颗星星。决定成败的不是尺寸的大小,而在于每天都要做一个最好的自己,要做最好的自己,就必须珍惜时间,每天抓住一分一秒,做有意义的事,让自己生活得更精彩……"

蔡老师和妈妈对望一眼,会心地笑了。

3. 感谢您——国旗下课堂

五(5)班 张 芙

如果说我们是大海中的一艘小船,那么国旗下课堂就是船上的桨,帮助我们在品学之海中前行;如果说我们是空中的一只风筝,那么国旗下课堂就是牵引风筝的线,引领我们在空中飞翔。国旗下课堂就像我的一个知心朋友,陪伴着我的小学生涯。不知不觉中,已近五年了,国旗下课堂让我懂得了太多东西。

记得有一次的国旗下讲话,讲的是关于过马路的问题。校长说:"宁等三分,不争一秒。请不要拿自己宝贵的生命开玩笑!"那天,我一直在琢磨:我闯过红灯吗?偶尔有,看到没车就走;有时远远地看到绿灯在闪,就赶紧跑,就是不愿意等上那三分钟……我并没有好好遵守交通规则!下午的国旗下课堂中,老师说:"从现在开始,请好好遵守交通规则!我们要'宁等三分,不争一秒'!"从那以后,我再也没有闯过红灯,因为在我心里深深地刻上了八个字:"宁等三分,不争一秒"。这自然是国旗下课堂的赋予。

还有一次的国旗下讲话,讲的主题是"学习贵在积累"。校长说:"学习就像一棵苹果树,而积累的知识就是一个个苹果。所积累的'苹果'越多,到最后就收获得越多。"我把校长讲的这番话运用到了学习中。我专门准备了一个"课内笔记本",记录上课时的笔记和老师所讲的重点知识,在复习、查找时变得方便多了;在阅读时,我还将优美的词句主动记到了"读书笔记本"上……我的考试成绩及写作水平都有了显著提高,这自然也是国旗下课堂的赋予。

国旗下的那些事,正引领着我在成长的路上勇往直前,帮助我消除沿途的迷茫,使我终生受益。感谢您——国旗下课堂!

4. 国旗下的故事,我心中优美动听的旋律

六(4)班　程灵钧

我的母校滨海小学有一本令我难忘的故事集,那就是每周一升旗仪式过后的国旗下讲话。虽然只是短短的十五分钟,但是那些故事,那些道理,却是短暂的十五分钟无法形容、无法描述的。

每周一早晨,校长都会在飘扬的国旗下给我们讲述一则则精彩纷呈的故事,这些故事有的生动有趣,有的则严

肃悲伤。每一周围绕的主题都不同，但它们都是我们人生道路上的指路牌。简明扼要的主题，坚定有力的字眼，就像一篇使人思绪飞扬的练习曲，跳跃的节奏在短短的十五分钟里旋转、飞翔、跳跃、流动，慢慢荡进我人生之书的扉页。

暂且不说演讲有多激昂，不论话语有多华丽，单单是校长传递给我们的真情实感，就有足够的吸引力让我去汲取那些故事、那些道理带来的营养。也许，聆听这些故事需要做出选择，而选择是一件困难但又不能不做的事，但是不管旁人是"心不在焉"还是"随便的态度"，我的选择是"认真接受"。仔细想想，如果只是单单的升旗仪式，着实单调了一些。但是仪式后的讲话，就像咖啡中的奶精、雨后的彩虹，总是能让我耳目一新。之后就去接受、去思考校长演讲内容中真正的意义，努力让纸上谈兵化为现实。我认为这就是国旗下讲堂的真正意义。

我还记得前几天校长讲的是关于"三生教育"的话题，主要内容是生存、生活、生命，就是那短暂的二十分钟，却点醒了我对人生的看法。校长告诉我们，在这个世界上，首先要学会生存，之后在生存的基础上去建造丰富多彩的生命，这样一来，才能拥有一段充实有意义的生命。这看似简单的几十个字中，却有着不简单的含义。生存，一件每个人都要思考的问题，身为学生的我们，威胁生存的条件无非是交通、消防，以及一些不法分子的伤害，而仅仅这些就足以让我离开这个令人眷恋的世界。长大以后我们还会面临更多的威胁,比如说工作的不顺利,物质上的缺乏,以及其他复杂又艰巨的危险在等着我们,所以学会生存是必须的。但是如果一个人只会死板地生存也是没有意义的,我觉得人生就像一次旅行,在注意身边安全的同时,还要尽情地享受这沿途的风景。如果不这样做的话,我们又为何要诞生在这个世界上承受这无缘无故的压力呢?再换个角度思考,"生存"与"生活"其实是可以结合的。一个人对于工作的喜爱程度可以决定他的工作质量,而这就决定了他能否有一个有保障的生存条件。把自己的兴趣爱好当作工作,这无疑是让自己努力奋斗最好的方法了。"一分耕耘,一分收获",努力换来的一定是更多更好的生存条件。在这个发展日新月异的社会,"人才"的定义已经不像从前,现在大家都想和多方面发展的人打交道,都想和文明有礼的人做朋友,自己的兴趣爱好不仅可以丰富生活,还可以扩展道路。这次的国旗下课堂让我醒悟了,"三生"教育就像盖高楼,只有以"生存"打好地基,之后用"生活"去建造,去装饰,去点缀,那这名为"生命"的高楼就会越发辉煌,越发雄伟。

国旗下的故事,说也说不完;国旗下的道理,谈也谈不尽。国旗下的故事,是我童年时光中抹不去的一曲乐章,那命运交响曲般的节奏,勃兰登堡协奏曲一样优美动听的旋律,在我耳边回荡着,萦绕着。就像校长讲话的时候,声音在临海的宝安上空回响一样,在我的脑海中奏响。

5. 毕业前的回忆

六（5）班　李卓诚

　　我一年级开始就在滨海小学读书，一眨眼，六年就过去了。每到星期一，我们全体师生就会站在操场上，面向国旗，唱国歌。唱完国歌之后，就聆听李校长的国旗下讲话。也许你会问，什么是国旗下讲话呢？关于这个，我想滨海小学的全体师生都应该是知道的，国旗下讲话，用通俗的话来说，就是李校长讲给我们的一些道理、一些教诲。在李校长的教育下，我逐渐从幼稚变得成熟，从调皮变得乖巧，从浮躁变得平静，李校长的话，就像潺潺流水，滋润我的心田。

　　有一次，李校长给我们讲了两个小故事：有一个小女孩，从小就很懂事，乐于助人，大人们都夸奖她。有一次，有客人来了，她帮妈妈把甜饼放在桌子上，可是妈妈并没有夸奖她。但是妈妈看到她的弟弟很乖，就奖励了弟弟一个甜饼，小女孩感觉很不公平。还有一个故事也是讲一个平时表现很好的小女孩。有一次，她在地上捡了两块钱，交给了老师，她原本想，老师一定会在班上大大夸奖她一番。但老师只是淡淡地说了一句"你做得对"。小女孩很失望。为什么好孩子得不到表扬呢？李校长说，其实，不管有没有得到表扬，我们都应该做一个好孩子。我们做了好事，自己也会得到快乐，上帝让我们成为一个好孩子就是对我们的奖赏。听完李校长的讲话,我非常感动,我也悟出了一个道理:真正的好孩子,是不需要表扬的。一个人永远不是为了别人的表扬而生活的,同样,好孩子也一样,如果我们只为了别人的表扬才做好孩子的话,就不是真正的好孩子了。相反,过多的表扬还会使人有虚荣心。

不仅仅在生活中,在学习中也一样。我以前一考了好成绩,就嚷着要妈妈奖励,并认为这是理所当然的、必须的。后来,有一次全班有很多人没交作业,黄老师郑重其事地对全班同学说,学习是为我们自己而学的,而不是为老师、家长而学的,学到的东西也是自己的,我们的将来要靠自己来把握,你学到的知识会使你未来的路走得更踏实。这句话现在几乎成了黄老师的口头禅,这句话带给了我很多启示。

我们很快就要毕业了,我将会带着李校长和各位老师的教诲,一直坚强地走下去,永不放弃。

6. 最无法忘记的时光

六(5)班　傅晓洁

在滨海小学上学的日子里,最令我难忘的时光,莫过于星期一的国旗下讲话了。

国旗下讲话虽然在你们眼里很陌生,可在我们心中,却再熟悉不过了。

　　星期一,周末后的日子,可能有些同学会精神不振,而我却异常兴奋,有国旗下讲话的陪伴,我怎能不高兴呢?读完了早读,就开始了李唯校长的演讲。

　　李唯校长的演讲,就像给一株小树苗浇上了水,给一艘小船添上了帆,给一只鸽子添上了翅膀,给同学们的人生增添了哲理。

　　我记忆最深的一次国旗下讲话,是李校长讲的有关消防安全的主题。李校长说石岩的一家超市发生了火灾,因为当时是下班时间,没有多少员工和顾客在里面。有五位加班的工作人员,因为消防意识高,所以没有造成人员伤亡。接着李校长又讲了一些消防安全知识。其中,校长讲了一句"如果有条件,我们可以用尿来灭火",话音刚落,我们在下面就已经笑成了一团。李校长严肃地说:"没有什么可笑的,生命只有一次,不能把生命当儿戏。"片刻,下面一片寂静。我突然意识到刚才自己的笑是多么愚蠢。是呀,难道还有什么东西比生命更重要吗? 没有生命,即使拥有一切,那又有什么意义呢?

　　李校长讲的人生哲理,在我的人生道路上留下了一道深深的痕迹,深深地印在脑海里,不能忘怀。六年来,这些哲理总是萦绕于心。六年前,我们还是一个不懂事的小孩;六年后,我们将要带着这一个个道理,走向崭新的未来,走向辉煌的明天。

　　是国旗下讲话,让我从一个无知的孩子变成了一个懂事的孩子;是国旗下讲话,让我从一个幼稚的孩子变成了一个思想有深度的孩子。感谢国旗下讲话,带我走完这短暂而又漫长的六年;感谢李唯校长的演讲,让我获得了人生的哲理!

我相信,在以后的岁月里,在我人生的道路上,当我每每想起国旗下课堂的那些事,心里都会充满温暖和力量。

7. 成长路上最美好的回忆

四(6)班　方皓灏

每周一早上我们都会集中在操场上进行升旗仪式,"起来,不愿做奴隶的人们……",当国歌声响起时,我们总是激动不已。而更令我们期待的是,李校长会在国旗下给我们讲什么有趣的故事呢?

这些故事总是像磁铁一样深深地吸引着我,因为每个故事都含有深刻的道理。盲人点灯的故事告诉我们帮助别人就等于帮助自己,所以要"我为人人,人人为我"。大雁南飞的故事告诉我们大雁在飞行时互相合作,相互照顾,所以在集体中我们要团结协作。小男孩把小鱼扔进大海的故事告诉我们要尽力去做正确的事,所以我们要尽力做一个好孩子。

在这些故事中,给我印象最深的是"垃圾是不会被骂进垃圾桶的"。这个故事讲了学生们去听一个教授演讲,到了门口,他们发现了一块香蕉皮,可是谁也没有捡。这时教授来了,他大骂香蕉皮,学生都笑了。最后教授把香蕉皮扔进了垃圾桶,这让我明白了我们看到垃圾要主动把它扔进垃圾桶,垃圾不是通过骂就能够进垃圾桶的。每当我有垃圾时,都告诉自己:垃圾是不会被骂进垃圾桶的。所以我会自觉地把它扔进垃圾桶。每当我看见我的小妹妹把垃圾扔在地上时,就对她说:"垃圾是不会被骂进垃圾桶的。"她说:"骂?我骂它,它听不到的。"我赶紧说:"所以你要把它捡起来扔进垃圾桶才行。"她乖乖地照我的话做了,看来这话真好用。每当我看到别人乱扔垃圾我也会用这句话来劝阻他们。这是一个周六的晚上,我和妈妈到宝安体育馆做义工,我们的工作就是捡垃圾。有一个大姐姐一边溜冰,一边在吃冰淇淋。当我看到她把冰淇淋的包装纸扔到地上时,我赶紧走过去,对她说:"姐姐,垃圾要扔进垃圾桶的。"一开始她愣了一下,后来她的脸"唰"地一下红了,然后她捡起包装纸,扔进了垃圾桶。我舒了一口气。

每一次的国旗下讲话都是我们滨海小学最好的一堂课。我们都很喜欢它。李校长不仅给我们讲了精彩的故事,而且还教给我们很多做人的道理,我们懂得了辨别是非和对错,这些道理深深地刻在我的脑海里,伴我成长,成为我成长路上最美好的回忆。

8.这一刻,我没有做到

五(6)班　吴迪

在这一刻,我没有做到,听了妈妈说的一番话,我很后悔。因此,我决定好好遵守李校长在国旗下讲话中所讲的"知错能改,善莫大焉",成为一个知道错误就能及时改正的人,再也不犯以前犯过的错误了。

"呀,再过一个路口就到家了,回到家,我就可以玩游戏喽。可是,妈妈又说星期一到星期五都不可以玩电脑,该怎么办呢? 算了,不管它了。"我边望着前面的马路边自言自语道。

"叮咚,叮咚"几声门铃过后,阿姨把门打开了。我拿出了作业本,却并不想那么早写作业,坐在沙发上,无聊透顶。我想:要不,我就去玩 ipad 吧,可是妈妈又说过呀,回到家应当先写作业,做完作业以后才可以放松地玩,不用老是想作业还没有完成。哎呀,我只是玩一会儿,不管它啦。来到房间,发现妈妈不在家,我马上找到了它——黑屏幕,灰外壳,圆按键,外壳上一个被咬掉的苹果的标志,没错,是 ipad!

我看了许久,良心告诉我,应该走出房门,去把作业写完;可贪欲却告诉我,赶快拿起它,去坐在床上玩个够。我的内心斗争了许久,最后还是玩了起来。那一刻,我没有做到。一分钟,两分钟,一刻钟……过了将近半个小时,门铃响了。我顿时惊慌失措,乱了阵脚。完了,连临时抱佛脚也来不及了。唉!我这次真是死定了,肯定要挨一顿批评了,我看着地板悻悻地想。

妈妈进来了,我咬着嘴唇,身子一阵颤抖,两只手插在背后,眼睛注视的地方飘忽不定,也不敢正视妈妈。妈妈似乎早已知道了,但说话时却轻声细语:"儿子,我不是说过了吗,星期一到星期五是不能玩 ipad 的,你怎么不听我的话呢?我看了你的作业本,今天你们不是学了'知错能改,善莫大焉'吗?你看看你,昨天犯的错误,今天不但没有改正,反而一错再错。你好好想想吧。"

我扪心自问,却不敢回答。

在那一刻,我没有做到。但"知错能改,善莫大焉"却被我牢牢地记在了心底。

9. 句句良言伴我行

三(5)班　陈彩涵

从一年级到三年级,三年间,我清晰地记得李校长每一次国旗下讲话的内容,国旗下讲话里包含着各种各样的道理,让我们不断地改变自我、超越自我。

在李校长的国旗下讲话里,我改正了自己的缺点和不足。以前,我总是乱丢垃圾,听了李校长的国旗下讲话以后,我才知道保护地球环境是那么重要。没有地球,就没有现在的我们。后来,我改掉了这个毛病。当我看到别人乱丢垃圾时,就会告诉他们:"你们不能乱丢垃圾,要爱护地球环境,没有地球,就没有我们了!你们想让人类消失吗?"一些人听了这句话,十分惭愧。有一次,我看到了那个以前爱乱丢垃圾的朋友,他现在不再乱丢垃圾了,而是把垃圾丢到垃圾桶去了。看到这个转变,我很高兴!

妹妹成绩不好,经常做错了事情还不承认,总爱跟爸爸妈妈顶嘴。看到妹妹这样的行为,我很伤心。我想起了李校长教我们的"知错能改,善莫大焉"的寓意。于是,我跟她说:"妹妹,我告诉你一句话,一个人做错了事,只要肯接受意见,认真改正,还是一个好孩子。"妹妹听了,十分惭愧,低着头走了。后来,我看见妹妹认真改正了,我很开心!

我的一个朋友,总爱说脏话。我跟他说:"你不要老说脏话,这样很没礼貌的……"在我的说服下,他终于认错了,他不好意思地说:"对不起,以前我不应该那样说你的……""没关系!"我微笑着对他说。

在这三年中,李校长的国旗下讲话让我改变了许多,我还要继续努力,做更好的自己。

10. 授之以鱼,不如授之以渔

五(1)班 徐悠游

五年来,每个星期一的早晨都会倾听李校长的国旗下讲话,每次我都大有感悟。"生命自觉""看到别人的优点""这一条鱼也在乎""火灾逃生"等主题,每次听到她的谆谆教诲,我都会情不自禁地点头,说:"对啊!"她传授给我们的财富,像钻石一般璀璨夺目。其中,我最有感悟的主题就是"授之以鱼,不如授之以渔"了。

"授之以鱼,不如授之以渔",李校长这么告诉我们,你给他人一条鱼,不如给他一根鱼竿;你给他人一根鱼竿,不如给他好方法。听了这句话,我深有体会。

是啊,无论是在学习上,还是在生活中,最基本的道理是有技巧,则能成功。对此我深有体会的是我最擅长的科目之一——英语。英语的学习,无论在什么方面,都是方法摆在第一位的!如果给你"鱼",就是答案,不但什么心得都没有,而且做完后下一道题就会更加百思不得其解,岂不亏乎?这里的"渔",则是技巧,是方法。英语的海洋之博大,是不可估量的,仅仅凭硬本事,是不可能闯出一片天地的。但是,只要你有了学习的法宝——技巧,再加上反复的推敲,就算是再难的题目也不在话下。譬如" She is the tallest of ＿＿ in her family."这道题是不能根据语感判断的,而是要根据分析推理来帮助理解,技巧在其中起着很重要的作用。这道题共有四个选项（A.all her sister　B.any sister　C.all the sister　D.any other sister），很明显题意是想表述"她是她家姐妹中最高的"，所以 B 和 D 选项均不符合题意，A 选项的意思是她所有的姐妹，而 C 选项的意思则是包括她自己在内的所有姐妹。既然是"in her family"，那肯定也包括她自己。所以正确答案应该是 C。

　　生活中也有许多例子：比如骑自行车时要用力踩，身体俯卧，保持流线型姿势……总的来说，技巧就是你的朋友，只要你好好利用它，它一定会有益于你！感谢国旗下课堂，她教会了我们许多做人的原则与道理。

（二）教师篇

1. 行走在幸福路上

黄蓓红

　　国旗下课程是滨海人一起走出来的一段幸福之旅，我们一起在途中学习、研究、收获。在幸福的路上，我这样走过……

出发

2007 年 9 月滨海成立，而我，也有幸成为第一任大队辅导员,因此我和每周的升国旗、国旗下讲话结下了"血缘关系"。

虽然是新兵上阵,但是凭借多年对原来学校国旗下讲话模式的观察以及发达的网络信息,要安排这事,绝对难不倒我。开学没几天,我就将一学期的讲话主题、人员安排表交到了李唯校长面前。

李校长看着安排表,良久,又看着我,良久……

"我想我们的国旗下讲话能不能变种形式?至少让别人一看,就知道这是我们滨海的……"李校长后来说了些什么,我已经听不进去了。拿着被否决的方案离开校长室,感觉特别受挫——别的学校不都是每周这样做的吗?从自己读小学到当下,这二三十年全国上下都是这样做的呀。

回到德育处,仔细想想,觉得李校长说得也有道理,至少我们可以拿出点儿滨海的特色。和当时的德育主任陈奕耀商量了一番,我们决定把学校的校训(健康、尊重、诚信、责任)与所有的主题结合一下,如:读书月的国旗下讲话,我们就用"尊重知识,热爱阅读"作为主题;至于讲话人,就由行政、科组长、级组长轮流承担。一轮修改下来,因为要结合主题,抠字眼,也颇费心机。交到学校行政会上,虽然李校长还是不尽满意,但大家也没有提出更多合理性建议,于是,第一个学期的国旗下讲话就在我们"换汤不换药"的方案中展开了。

作为当时的大队辅导员,我印象特深的就是即便是提前发下方案让讲话人早早准备讲稿,但因为大家关注的问题和角度常常受限于自己在学校中担当的角色,所以讲稿往往要一遍遍修改。而每次讲话结束,总感觉话语在师生中如同"隔靴搔痒"。更糟糕的是因为计划是开学初定的,撷取的主题、内容通常是历史、伟人等事件,与学生的生活实际脱节,在学生中很难产生共鸣,时间长了,班主任和学生都感觉国旗下讲话就是流于形式,浪费时间。

每次升旗结束后,看着师生们日渐黯然的神情,我都特别沮丧。把问题给几个兄弟学校的大队辅导员说,大家反倒安慰起我来:大家这么多年都没改变的现状,就只能这样了。

2008 年初,李校长承担了国旗下讲话工作,这意味着她将直面问题,并决心把这个困难变成教育契机。从常规的和不变的惯性中挣脱出来重新思考和改革,这需要莫大的勇气,她的这个举动让我的心灵受到了一次深深的震撼。

那一刻,我多了一分幸福,因为我知道滨海人的心灵接下来每周将获得一次强大的灵魂引领……

跋涉

"一颗糖果的诱惑""愿我们都有一颗橘子的心""种下一颗童年的种子"……就这样,我们每周的工作、学习在李校长国旗下讲话的故事中拉开序幕。每个周一,滨海人都多了一分期待,今天李校长将给我们带来一个怎样的故事?大家期待是因为这些故事总是小处见大,平中见奇,却又是那么贴近学生的生活,有的甚至就是学生中发生的事情。学生们爱听,老师们也爱听,大家在听的同时,也用这些故事和哲理解决了学习上、生活中的种种问题。

要是能把在国旗下讲话中获取的感受与大家分享,让教育进一步延伸,那将是多么美好的事情!什么时间?什么方式?我们陷入了困惑。

2009 年 4 月的一次国旗下讲话,让事情出现了转机。李校长在"向身边的榜样学习"国旗下讲话中,因现场寻找第一个在作业本上给老师留言的学生,李校长和学生们产生了精彩的互动,这一幕真切反映了课堂的生成,让在场的所有人都为之振奋。在那周的行政会上,点子最多的曾昭曙老师提出了一个建议:这周的国旗下讲话,有师生、生生的互动,有教育的生成,准确地说,这是一个课堂。为让这一课堂发挥更大的辐射效力,我们应该把国旗下讲话延伸到班级的课堂,建议把每周五的班队会课调整到周一第六节,以便利用班队会课开展延伸活动。当时,虽然我和曾老师也非常认可"课堂"的说法,但因各班处理班务时间一向吃紧,我们马上提出担忧:班队会时间是班主任处理班务的"黄金时间",这样是否会影响班级管理?大家一番讨论,没有结果,但有了共识:试一试!

说试就试,我们开始部署,并每周到各班了解大家落实的情况。一周,两周……刚开始,老师们还热情高涨,和学生们讨论得热火朝天,可过了两个月,德育处的电话、办公室就开始有了别样的声音,特别是在校园里走着走着,我经常冷不丁就会被班主任截住："主任,这事真是既浪费时间又折磨人,就那么个故事听完了又翻来覆去地讨论,这有什么意思啊……""能不能说点儿班里的其他事啊,我们班里好多问题等着讨论呢……"每每遇到老师们的这些怨言,我就不由想起李校长自己来开展国旗下讲话的勇气和决心,因此那个时候,我对大家说得最多的就是:"大家再看看还有没其他办法和形式,不是说'办法总比困难多'吗?"是的,要从常规的和不变的惯性中挣脱出来重新思考和改革,我和大家也需要勇气和决心。但这样的坚持,是不是会有结果呢? 我们不知道。那段时间,我们只能努力商议如何进行突破,并在不同的班级、年级进行着一些尝试。而来自老师们的各种声音依旧让我们为"欲进还退"纠结着。

几周后,张淑萍老师班上的国旗下课堂竟然有了突破,那节观摩课上,学生们精彩的主持、丰富的素材和与班级情况紧密结合的讨论给在场的班主任打了一剂"强心针",想起课上学生们的出色表现,我由衷佩服淑萍。接下来,班主任黄惠芳、杨芳、陈利云、谢伟、黄燕等一大批老师纷纷参与到"课堂"的研究中来,大家组成团队,利用课余和班主任成长促进会探讨课堂的模式,共享活动的资源,小品、快板、格言、博客、"国感本"各种各样教育元素开始从课堂中迸发,"课堂"也纵深发展为"课程",学生能力快速提升。因为学生们在家经常与父母反馈国旗下课堂的内容,不少家长渐渐也成为"课堂"的忠实粉丝,他们每周一准时守候在学校操场边,和滨海的师生一起分享"国旗下的课堂",纷纷在班级博客上发表观点和赞许……这一切,仿佛都在为课程研究加油和呐喊。国旗下课程就是这样,如同一个改革的车轮,带着我们一起飞快"转"起来了。

那一刻,我又多了一分幸福,因为我和一群有梦想有勇气有智慧的滨海人一起走……

收获

不知什么时候起,国旗下课程成为学校的"名片",走到哪里只要讲到滨海,大家就会想到我们的国旗下课程。而我到教育局、兄弟学校开会时,也经常有熟悉的人凑过来问:"李校长还在每周进行国旗下讲话吗?"这个时候,我总会很骄傲地回答:"当然!"嘴上这样轻松地说着,内心真实感受其沉重,因为只有李校长,只有在滨海做着这件事的我们才知道这是一件多么不简单的事情,国旗下课程已经是滨海人生活、学习中的一个重要"符号",它扎根在每个滨海人的内心深处,时刻指引着大家待人处事,告诉着我们什么是教育的勇气,什么是教育的责任……

学生胡珺的妈妈陈永平女士每每讲到滨海国旗下课程都会按耐不住地激动,她说:"国旗下课程是滨海小学'珍视童年价值,培育生命自觉'孕育出来的花朵,她芳香四溢。我们的孩子很有幸沐浴其中,度过别样的七彩童年。同时她也是一双无形的推手,推动做父母的我们不断学习和思考,提升素养,更好地去引领孩子走向生命自觉,走向一个追求真善美的广阔原野,而不只是书本知识的狭长胡同。"

2011年4月，凝聚着李校长和滨海人智慧和汗水的《国旗下课程》一书出版了，来自全国的近百位校长应邀参加了新书首发式，当我和同事们一块在签到处为全国各地同行办理手续时，发现很多与会的专家、同行一拿到资料袋便迫不及待地翻看起那沉甸甸的书籍，而欣喜和赞赏更是表露无遗。"你们的书我们能多要几本吗？我们能带老师观摩你们的'四段式'活动吗？"……从这些请求中，我由衷为自己是滨海人而自豪。三年多的时间，我们有过困惑，有过坎坷，有过迷茫；但这期间，国旗下每周的故事让滨海人内心一次次变得强大，课程带给学生们的变化不断激励着我和同事们前行，国旗下讲话发展为国旗下课程的历程，更是一次意义非凡的洗礼，我们在课程中成长与蜕变，我们无不为此而深感幸福。

在学校申报"第三届广东省中小学德育创新成果展示"时，我再次对这本《国旗下课程》进行了资料整理，翻看着这几年来李唯校长的讲话稿，老师们做的实录，学生们的感想……我的眼睛几次湿润了，是什么让我们出发？是什么让我们相互鼓励、搀扶前行……并走出了这样一条幸福路？我想这正像李政涛教授说的滨海是一所有魂魄的学校，"珍视童年价值，培育生命自觉"和《国旗下课程》都是滨海小学的魂。滨海人在课程中不仅是"成事"了，还在"成人"，我们在成事中成人，于成人之中更好地成事。《国旗下课程》出版了，并获得"第三届广东省中小学德育创新成果展示"一等奖,然而我们的创新还在继续,我们的教育之路也还很长,我们还要和学生、家长一起在国旗下课程中进一步实现生命的真实成长。

2. 生命自觉文化在国旗下成长

邓世鹏

滨海小学的国旗下课程经过多年的沉淀,已形成一种独具特色的校本课程文化。它渗透在师生的心灵深处,培育出有生命自觉意识的教师和学生。从校长在国旗下讲话,到班会深入讨论,再到家长参与互动,国旗下课程形成了一个良好的教育链。正是这个家校共识的教育链,促进了师生生命自觉文化的形成。

国旗下课程的教育理念是如何有效地植根于学生精神深处,进而内化为学生生命自觉意识的呢?来到滨海,我一直在思考这个问题,我也时常关注这个转化的过程,关注学生的反馈与行为表现,以及在德育工作中如何去延伸国旗下课堂的影响。我发现,在转化、内化的过程中,光凭教师的一己之力是不够的,巧妙调动学生、家长、社会资源的力量,相互之间形成一种合力,最终才能很好地影响学生,甚至成功扭转一些学生错误的价值观。

促学生自主形成正能量舆论

记得李校长在新学期开学的第一次国旗下讲话的题

目是《尽自己的力，做正确的事》。"我们不管做什么事都要尽自己的力做正确的事，不能因为别人没有按照正确的去做，你也就不尽自己的力去做正确的事。"——这句话给我留下了深刻印象。李校长要求同学们尽自己的力，尊敬师长、感恩父母；注意环保、不乱扔垃圾；遵守交通规则、珍惜生命。

国庆节后的一节思品课上，就国人在外出旅游时扔下大量垃圾的现象，我征求学生的看法和改进建议。四（6）班罗同学说："李校长在国旗下讲话中要求我们尽自己的力，不乱扔垃圾。如果每个人都做到这一点，就不会出现那么多不环保的行为了。他们可以自带环保袋回收垃圾。"张同学建议在门票上增加环保教育内容，景区增加有环保标语的垃圾筒。于是我大力表扬他俩的正气与创意，顺势让他们给深圳几个著名景点——世界之窗、欢乐谷和大梅沙，提一些环保建议。因为情景的代入，学生的自主性瞬间被调动起来。在生生相互启发之下，金点子层出不穷：设置环保红黑榜，拍下在景点不文明和文明两种人的举动，张贴在景区大门口；在景区内设置"垃圾换礼品"的兑换点，可以用在游览过程中产生的垃圾，如矿泉水瓶、包装袋、纸巾等去换纪念品、小扇子、明信片、水等小礼物；仿效闯红灯的惩罚方式，对乱丢垃圾的可以罚款，或是让他们穿上红马甲做义工，维持景点卫生半小时；给文明游客发优惠券，通过监控，对那些在游玩过程中举止文明的游客，在出口处赠送优惠券，下次再来游玩就可以凭券对门票进行打折；每个景点大家的不文明行为会有不同，可以征集每个景点的十大不文明举动，画成宣传画或是在广播里循环播放，给游客不断做宣传提醒……

学生提意见越来越踊跃，一些精彩的主意获得大家的阵阵掌声和笑声。课堂上老师引导，学生自主创设的正能量气场越来越强，大家沉浸其中，受其感染，思维都朝着这个方向去运转，价值取向都是以此为荣，德育在这股正能量舆论中悄然铺开。

借助家长力量，形成亲子德育

一次值日，在校门口我和三(3)班家长义工裴顺聊起国旗下课程对小孩的教育作用的时候，他说他每次都和小孩讨论校长的讲话内容，并给他一些合理的建议。他小孩从入学到现在在学习、为人处事等各方面都进步很大。在环保、交通安全方面，小孩还经常提醒家长和朋友们。在校门口扔垃圾的同学基本没有了，如果碰到有垃圾，也会有同学主动捡起。这说明我们的国旗下课程是非常有效的。

再例如那次"无车日"的国旗下课堂，回去后许多孩子都和爸爸妈妈宣传无车日的好处，强烈要求爸妈至少在无车日那一天绿色出行。许多爸妈一开始没把孩子的话当回事，觉得影响了自己上班外出的便利，但是在孩子们一再的讲解和要求下，爸爸妈妈们一来渐渐明白了无车日的意图，二来逐渐意识到这是一个配合学校教育、为孩子做榜样的良机。所以，后来许多父母在无车日那一天真的做到了绿色出行,虽然有些不便,但在这个经历中,爸妈感到自己的一次实际行动,好过平时的诸多说教,也感到自己的形象在孩子心目中得到加分,让孩子更加尊敬、信服。事后许多家长反馈,这次无车日的活动,他们的收获不仅仅是绿色出行,而是在如何育儿、如何给孩子更大的影响力上有了意外的收获。

这是国旗下课堂延伸到每家每户的力量,有时是父母影响孩子,有时是孩子影响父母。总之藉由国旗下课堂这个话题,家长和孩子之间的交流、沟通有了一个更广更高的平台。

借助社会资源,扭转错误价值观

中国社会现在飞速发展,价值观亦更趋多元,小学生特别是高年级的学生,特别容易受到一些负面价值观的影响。现在学生对信息的接受渠道也比以前更加丰富了,电视、网络、手机、报纸等都成为他们了解社会的一个窗口。而面对一些社会负面新闻,甚至有时家长都会给孩子一些不正确的导向和建议。

还记得在李校长讲过全运会上四川运动员马娇的故事后不久,社会上就发生了几起路人扶跌倒老人被冤枉的事。你会扶起跌倒的老人吗?在思品课上,我也和四年级的同学们展开了这个话题的讨论。我先布置他们回家和父母讨论,再回班发表意见。四(2)、四(4)、四(6)三个班的学生都一至赞成要帮助跌倒的老人。大家都认为帮助老人是中华民族的传统美德,不能因为别人没有正确的看待,你也就不尽自己的力去做正确的事。而且为了防止被一些别有居心的人讹诈,我们可以更智慧地处理这个问题,例如可以和其他路人一起扶,也可以帮他打电话求助等。这些建议得到了大多数同学们的一致赞同。

但是四(3)班讨论这个话题的时候,大部分同学都反对扶起跌倒的老人,他们强调被冤枉的危险。说实话,这完全出乎我的意料。当时我吩咐他们回家后和爸妈继续讨论这个问题。第二节课,他们的回答依旧如是,这时我意识到,应该是部分学生的父母面对这个问题,给孩子们的建议是自保第一,救人第二,所以才影响了部分学生的价值取向。而这部分学生再在班里宣扬这一观点,又影响和带动了更多同学倾向于此。恰如之前的正能量舆论带动一个班的学生朝着阳光的方向,负能量的舆论一旦形成同样能带动一个班学生的走向。

这节课后,我非常沮丧,在课后还去李校长办公室谈了我的感受。在学生之间、亲子之间已经偏向了负面舆论的时候,该怎么办?我想到了"从哪儿来,到哪儿去",这个问题的根源来自社会,那么现在同样可以从社会资源中来接力解决问题。经过一番准备,在接下来的一节思品课,我组织四(3)的同学观看了辽宁电视台关于"该不该扶跌倒的老人"的辩论视频。这期的电视节目,正方嘉宾的发言就是我想对学生说的。但是同样的话,藉由电视节目播出,藉由一种你来我往、火药四射的辩论会形式展示,藉由另外一群人说出,学生更加喜闻乐见,欣然接受。

在看完节目后,我跳过"该不该扶跌倒的老人"这个话题,直接进入"如何扶老人,又能救人,又能保护自己"的讨论。这个问题的设置就是将学生直接带入"该扶老人",重点是"怎么扶"这一情境,将大是大非的"该不该扶"挪到最后一个环节再定论。大家借着刚刚看完辩论会视频的兴奋劲儿,七嘴八舌开始说起来,有的说可以让旁边的人帮忙用手机录下全过程;有的说可以叫几个人一起帮忙,多一些证人;有的说可以赶紧报警或者打 120;有的说可以看下附近有没有摄像头监控录像,有的话就可以放心去扶,因为有录像为证……

看学生讨论得热火朝天,我顺势而下,问道"你这轻轻一扶可能挽救了什么"。学生说,可能挽救了一位老人家的生命,他们可能是我们其中一个人的爷爷、奶奶、外公、外婆;可能挽救了一个家庭的幸福,因为如果这个老人家因为耽误治疗变成瘫痪的话,那么这个家庭的人就会很惨;而如果这个老人家因为没人扶而死掉的话,这家人就会更加伤心,并且他们一家人也会变得仇恨社会,觉得世界冷冰冰……

看到学生在这样一步步引导之下到达此地,我觉得该抛出最初的那个问题了:"老人跌倒我们要不要去扶"。同样的问题,这时站起来回答的学生,观点已和两个星期前的大不相同。经过这么一场头脑风暴,学生们脑海中的观点得到了修正,懂得了在现实社会中,如果面对这样的情况,如何既做一个善良的人,又能恰当地保护自己。

事后,我也通过信息和家长联系,就这件事和他们沟通。把孩子们前后的变化过程告之他们,也提出希望,恳请他们引导孩子积极阳光又符合实际地面对这些复杂的社会现象。

这件事给了我很大启发,校园是相对纯净的地方,但社会却从来就不是单纯的。一味地教学生真善美而忽略现实中可能出现的丑恶,只会让我们的学生变成温室里娇嫩的花,与世俗生活格格不入;而一味地强调社会复杂阴暗面,一来不全面,二来对于正在形成人生观、价值观的小学生来说更是不适宜。所以,既要让学生知道现实世界中有这种事情,更要引导他们如何用正确的、合时宜的方法态度去面对,做一株现实世界中面朝阳光的向日葵。

"生命自觉"文化的形成不是一朝一夕的事,在国旗下课程润物无声地培育学生生命自觉意识的同时,所有的教职员工也需要在自己的工作中关注学生和家长的反馈信息,并及时做出恰当的回应。如何让国旗下课堂的内容切实地扎根到每个学生的心里,教师得做一位指挥家,调动学生的力量,调动家长的力量,调动社会的力量,指挥调配大家共同演绎出动人和谐的旋律!

3.国旗下课程教我做好班主任

林云云

自别后,忆相逢,几回魂梦与君同。

离开滨海已有半年多,但回想起初到滨海的点滴,却仿如昨日,一切都历历在目。2012 年夏天,当我站在告别学生时代与开始职业生涯的十字路口彷徨之时,是滨海向我抛出了橄榄枝。你可能已经忘了,或是无法想象毕业季的迷茫是如何煎熬着彼时人心,但我铭记,第一次来到滨海跟着教师队伍站在国旗下升旗时那种无以名状的感动,我终于找到了方向!

朝阳初升,微风徐徐,国旗飘扬。哦,原来这就是远近闻名的滨海特色——国旗下课程。

带着满腔热血,我开始了我的滨海之旅。作为新老师,要担任一年级的班主任,心中着实忐忑了一番。硬着头皮上阵,整个 9 月,我过得忙碌且混乱,班级管理情况不如人意。就在我抓狂崩溃的时候,同办公室的一位老师点拨我:你可以按照每周国旗下课程的内容来管理班级呀,逐一解决、各个突破。

对啊,我怎么放着这么好的资源不利用,净在那"打乱仗"了! 一年级的孩子,无非就是两点:安全、习惯。这就是国旗下讲话最常涉及的内容吗? 像是开学第一周的"珍爱生命,安全出行"主题,全校师生都在国旗下听了李校长的讲话,回到班上又开了主题班会,我怎么不会利用这个机会好好讲讲放学路队安全的事呢?要知道,那时一年级的放学路队、接送问题已经困扰了我好久;又比如,第二周的"老师,您辛苦了"这个主题,我不是也可以好好利用,教育学生们要尊重老师,遵守各科任老师上课的纪律吗?

说做就做,我开始了我的"国旗下课程"之旅。

那个星期的主题是"高空抛物引发的悲剧",站在操场上听完校长的讲话,我们班的学生还不大明白其中的利害关系。于是,我决定利用下午的国旗下课堂,好好进行这个安全意识的教育。

如何讲清其中的利害关系,又如何延伸、落实这个主题呢?我想到了从切身小事着手。上课伊始,我没有像往常一样立即打开 PPT,也没有在黑板上写下这节课的主题,而是像聊天一样,讲述一个发生在"老师身上"的故事。

"几年前,林老师去姑妈家作客。吃完午饭,姑妈让我辅导她的小孩学习。她的小孩上四年级,是个小女孩,看上去非常听话,可就是不大爱学习。我给她讲题目的时候,她一直在玩手中的小转笔刀。我有点儿生气了,就对她说:'你再玩我要告诉你妈妈了哟!'她不信,还继续玩。于是我就叫她妈妈进来了。没想到,小女孩非常紧张,她害怕妈妈进来批评她,一下子就把转笔刀扔出了窗外!"讲到这,我顿了顿。学生们津津有味地听着我的故事,一个个都瞪着大眼睛好像在问我:"接下来呢?接下来怎么样了?"我没有立即往下讲,而是换了一种严肃的语气:"同学们,你们猜后来怎么样了?"教室里立即炸开了锅,我示意他们举手回答问题。

"小女孩被妈妈批评了!"

"妈妈很生气!"

"扔出去的转笔刀砸到别人了!"

…………

很好,学生们都朝我预设的方向思考。于是我接着说:"妈妈没有生气,也没有批评小女孩。你们知道为什么吗?因为啊,妈妈没有时间生气!小女孩扔出去的转笔刀砸伤人了,妈妈赶着去别人家道歉去了!通过林老师经历的这件事情,同学们,你们想到了什么呢?"

接着,我出示课件,通过图文结合,重复了李校长早上在国旗下的讲话:"一个小小的、脆弱的鸡蛋从4楼抛下来会让人起肿包,从8楼抛下来会让人头皮破损,从18楼抛下来就可以砸破行人的头骨,从25楼甩下时可能会让路人当场送命!我们以为,鸡蛋那么轻,而且一捏就碎,可是它从高处抛下来却有那么大的杀伤力。为了避免被砸伤的事情出现,我们应该做什么呢?"

"不要以为东西小,就随意地扔出窗外!"

"我以前在小区走着走着,就被楼上扔下来的垃圾砸中了。当时我很生气,今天学习了高空抛物的危害性,我真想告诉那些从高空抛垃圾的人,你们这么做是不道德的!"

"高空抛物很危险，我们的教室在二楼，以后千万不要把东西从走廊扔到楼下去。"

"严禁高空抛物，我在我们小区的花池边也见过这句话，现在我才明白这句话的意思啊！"

············

学生们纷纷发表自己的意见，我想这节课的任务算是圆满完成了。通过这节国旗下课堂，我不仅更深刻地体会到国旗下课程对于我们学校每个师生的引导作用，也从这节认真的备课、上课中明白，班级管理本不难，难的是对症下药、用心去做。

那个学期，我和学生们一起陆续经历了"尊老敬老是中华民族的传统美德""让掌声响起来""阅读提升正能量"等主题，在这些主题的实施中，我渐渐学会了规范学生们的习惯，班级管理也变得轻松简单起来。学生们呢，也在一次又一次切合实际、与时俱进的主题班会中，慢慢变得懂事、听话。家长们对我的班主任工作也给予了肯定，时不时会告诉我孩子们在家又给了他们怎么样的惊喜。

后来，我来到了新的学校。这是一所城中村小学，孩子们家庭条件并不像滨海的孩子那样好，家长也大都忙于生计无法照顾孩子的细节。开学第一天，我气鼓鼓地回到办公室，跟同事抱怨："呼，讲了一节课学生在校礼仪，可把我累坏了！"同事不解地问："什么礼仪呀？"难道她作为老教师没发现学生们的穿着很有问题吗？"你看，今天是开学的第一天，学生有的穿自己的衣服，有的穿礼服，有的穿运动服,更有甚者穿拖鞋……"同事笑了:"哎哟,在我们学校,有些学生家庭条件很一般,他们只要愿意穿校服就可以啦,你还要求他们怎么个穿法!"我惊呆了,难道是我错了吗?

几天后,我发现学生们需要规范的何止是校服的穿着问题。上课前,没有准备好上课的书本,也没有安静的课前准备;下课后,看不到像滨海那样的书车阅读,整个教室空荡荡的,孩子们都去操场上疯跑了;放学后,看不到整齐的教室,桌子乱七八糟……这些,都是原来在滨海国旗下课程涉及的主题,那时我和学生们一项一项落实,才有了可爱的班级呀!

幸好,国旗下课程让我学会的一件事情就是:你只要坚持去做,就会有成效。于是,我坚持在每周一的班会课要求学生们穿夏季校服的时候把上衣套进裤子里,穿回力鞋;一次一次地提醒每节课下课后第一件事情要把下节课的书准备好才去上厕所;表扬那些离开座位时懂得把桌椅摆好的学生……一切就如在滨海时那样严格要求。

11月份的一个中午,一个滨海的老同事经过我的新学校,进来找我。我带她大致参观了一下我的学校,走过一楼教室时,她问我:"这些是不是一年级的教室?"我说是。她又说:"那我猜刚刚走廊尽头的那间教室就是你带的班级。"我非常惊讶:"你怎么知道!我们的班务栏刚全部卸下来还没换新的上去,你怎么知道的!"她笑了笑,说:"刚刚走过的时候,就只有你们班的桌子椅子是横看一条线的,其他班级都是乱糟糟的。这不是以前李校长和德育处要求的吗?所以我猜出来啦!"

原来如此!我不禁有点儿骄傲,几个月来的坚持没有白费,学生们已经学会我说的那一套啦!这也算是我把国旗下课程带到了这里……

4. 国旗下悦动的生命

陈奕耀

每年的 5 月 17 日,我都会有别样的感觉,因为 2007年的这天是我正式踏入滨海的日子,那时办公室在一间 20平方米的平房里,铁皮房顶一到下雨,屋内的雨滴声就被放大了 N 倍,让人无法工作。随着时间的推移,制定三年发展规划,主楼的脚手架拆卸,教师的招聘调入,第一次开展家访,教学设备的进场……每一个环节至今仍在眼前,不可磨灭。犹如那操场上飘扬的国旗一样,日久犹新。

"滨海小学是一所有灵魂的学校。"华东师范大学李政涛博士如是说。那滨海的魂从何而来,灵又体现在哪儿?如果你走进滨海校园,看看校园的环境,听听大家谈论的话题,你就会发现,滨海文化的沃土就在国旗下,滨海的灵魂就成于此。

从平淡无趣悦动到翘首企盼

记得 2007 年 9 月学校刚成立的时候,后续基建还在施工，一个简易的升旗台就临时搭建在校内操场的一角。每周一升旗仪式后，当值行政老师就会例行讲话，教育学生要好好学习，要遵守纪律，从雷锋讲到屈原，从"神舟"上天到"蛟龙"入海。虽然每个人都精心准备，但是学生却是人到心不到、入耳不入脑的状况。班队会课上当老师问学生国旗下讲了些什么，换来的是支支吾吾，抓耳挠腮，国旗下讲话的实质效果，可见一斑。

一学期下来，例行讲话是学生无趣、老师无奈、讲者也感无聊。李唯校长看在眼里，急在心里，"一所学校如果不能汇聚师生的思想，那学校的办学理念和'三风一训'都是一纸空谈"。怎样改变现状？李校长决定从讲话的形式和内容入手，选学生身边的事，以此为引，不断灌输"珍视童年价值，培育生命自觉"的办学理念，不断强化"健康、尊重、诚信、责任"的校风教育。

渐渐地，学生的心回来了，聚拢了，越来越多的学生参与到与校长的讲话互动中，30分钟的讲话时间变成了一堂精彩纷呈、不断擦出思想火花的课堂。班队会课上，当老师再问学生"今天校长在国旗下讲了什么"时，见到的是小手林立，你呼我叫的情形，学生们的翔实的回顾，深度的讨论让老师们惊呼不可思议。

又一个学期，师生们都习惯了每周一上午升旗仪式过后见到李唯校长走上升旗台，给大家带来令人着迷的国旗下课堂。若是偶尔出差的李校长没法上课，让其他行政人员顶上的时候，孩子们再次遇到校长就会直接问道："李唯校长,您怎么上个星期没有上课啊?我们都想您了。"

种子在发芽,生命也在成长,灵魂也随之丰盈。

从独角戏悦动到大合唱

学生的喜爱,让李唯校长欲罢不能。"我不想让学生、家长认为滨海只有我一个人,我还有一个出色的团队。但是现在我只能先把"国旗下课堂"根基打牢,把'生命自觉'的理念植根于每个滨海人的内心深处"。李唯校长的尽职,让自己平添了更多的辛劳。内宿的老师们时常会发现每周一早上六点半校长室就会灯光透亮,不论寒暑,无论晴雨。李唯校长也坦言:"这周的讲话才结束,就得想着下周讲什么,为了这一课,我得花一周的时间,或是一个月的时间思考。"

想要走得快,一个人走;想要走得远,一群人走。于是李唯校长向老师公开个人邮箱征集信息,设立校长信箱请学生提供线索。大家的积极参与,不但丰富了国旗下课堂的内容,也打开了李唯校长的思路,让更多的人参与到国旗下的课堂中,促进生命自觉的提升。

一次,李唯校长在讲话时读了四年级学生罗裕周一上午给她的一封信的全文,这封信改变了李校长原来准备了一周的讲话内容。信上这样写道:校长,您最近有看新闻和报纸吗?如果您看了,就一定看到了"地贫儿"的消息吧。报道打动了我的心,我希望校长您,可以发动全校为他捐款,也为他的生命加油!于是李唯校长当即倡议全体师生为那位素未谋面的"地贫儿"捐款。当周三全校四万多元的善款交到患者妈妈手中的时候,患者妈妈满眼泪水,说:"滨海小学的师生、家长与自己患病的儿子素不相识,没想到却如此关注和慷慨,谢谢你们为孩子打开生命之路。"一封学生的信就这么改变了一次既定的讲话,为一个同龄人送去了一份帮助和祝福,更让全体滨海人感受到了作为社会一分子,身上担负的"责任"。

还有一次让我记忆深刻的国旗下课堂。那是缤纷节后的一次讲话(缤纷节:具有滨海特色的综合性节日。目的是让每一位学生参与其中,并能登上不同的舞台展示自己。三天不用背书包,六大学科,十多项活动,有文有武,任君选择的大型活动)。讲话的缘由是因为缤纷节上,当台上学生表演节目的时候,台下的学生有的交头接耳,有的跑来窜去,表演结束后掌声也稀稀拉拉。有演员哭着说自己一直在努力训练,但是得不到大家的认可,很伤心。为此,李唯校长在国旗下第一次严厉地批评了大家,那次讲话没有互动,场面极其安静,从学生们的神态中看得出他们的愧疚。当天下午的班队会课,全校各班就此事进行了反思和讨论,学生们把自己的感受和心情写进了日记本里,并给这笔记本起了一个响亮的名字——国感本。自那次以后的缤纷节,学生们的热情越来越高,秩序也越来越好,有老师发信息给李唯校长说:我们的孩子长大了,会尊重别人了。

从校园内悦动到围墙外

每当在国旗下上课的时候,就会有一群编外的"学生"

旁听,他们中有买菜归来的爷爷奶奶,也有步履匆匆的爸爸妈妈,他们站在学校的围墙边,还有周围高楼的阳台上在晨练的市民。仿佛约好似的,八点刚过,大家就站到了一起。在短短的 30 分钟,他们也是秩序井然,安静而专注,有时还会和师生们一起发出会心的笑声。

一次,李唯校长结合席卷中国大范围的雾霾现象,呼吁大家积极参与 9 月 22 日的"无车日"活动。校长讲完话,班级开完班队会,学生写完了心得体会。几天后,有家长告诉老师说:我的孩子 9 月 22 日那天一大早就要求我不要开私家车,要坐公交车来学校。我怕时间来不及不同意,谁知道孩子就是不上家里的车,并且教育我说,李校长在国旗下讲话时说了,我们每个人都要爱护环境,我们的生活里才会充满阳光和新鲜空气。我觉得孩子说得有道理,就答应他当天一定不开私家车,为环保出一份力。

随着家长们参与到了国旗下课堂,亲子间的交流又多了许多话题:今天李校长说了什么,给爸妈说说看;儿子,我听李校长的讲话说自己的事情要自己做,你看你的房间是不是也该自己清理一下;妈妈,李唯校长说周杰伦的妈妈小时候对他要求很严格,所以他才能长大成才,你也要对我严格要求哟,我会听你的话的……

走过五个年头的滨海小学,在李唯校长的带动下,国旗下讲话延伸成了国旗下课堂,后来经过大家的提炼,形成了"校长主讲—主题班会—学生心得—家长参与"四段式的国旗下课程。2012 年 3 月,《国旗下课程》一书全国

首发,全体滨海人在实践和探索过程中的智慧凝结成晶,
绽放着耀眼的光芒,引发了一场"滨海现象"。《人民教育》
《中国教师报》《中国教育报》《中小学德育》等顶尖主流媒
体的争相报道,让滨海不断为社会各界所知晓认可,"生命
自觉"也已然成为滨海人内心深处源源不断的力量源泉。

　　离开滨海小学一年多了,好久没有参与国旗下课堂
了,听闻李唯校长当初辛勤打下的基础收到了成效,学校
的其他教师们也可以站在升旗台上侃侃而谈,学生们也不
会再追着李唯校长为他们上课了,我的内心充满了感怀,
在滨海成长的我,已经将"生命自觉"溶进了我的血脉中,
不论去哪儿,都一直铭记。

5. 以"生命自觉"精彩我的人生

曾女英

　　2007 年 8 月,滨海小学成立之初,我就加入了这个温
暖大家庭。近七年,我不仅经手了升旗台的建设过程,还
亲历了国旗下课程的生成过程。在学校办学理念"珍视童
年价值,培育生命自觉"的指导下,在李唯校长的带领下,
在全体滨海人的共同努力下,国旗下课程的形成经历了四
次转化:第一次是从讲话到课堂,第二次是从课堂到课程,
第三次是从课程到文化,第四次是从文化到成长。国旗下
课程生成的过程,也是教师、家长和学生的成长过程。它

不断催开了教师、家长和学生的生命自觉之花。

在这个过程中，国旗下课程就像我的老师一样，教会我"实效＋创新""深入＋浅出""坚持＋积累"，让我成长了不少。

国旗下课程教会我"实效＋创新"

2008 年 2 月，学校任命我担任滨海小学大队辅导员。开学前，我按照以往担任大队辅导员的经验，模仿上学期的安排，把整个学期每周一负责国旗下讲话的校领导和中层干部安排好，并把讲话主题的建议也提前写好。然后我把安排分别向德育主任、分管德育副校长汇报，最后向李唯校长汇报。

李校长看了我的安排，微笑着对我说："任何教育活动一定要从学生出发，考虑教育的实效性。我们要好好想一想如何发挥国旗下讲话的教育实效性。每周一的升旗仪式，时间集中，人员集中，我们还要实现思想集中！国旗下讲话要真正起到无可替代的导向、榜样、激励的教育作用。"

回到办公室后，"时间集中，人员集中，思想集中"久久在我脑海里出现。这"三集中"是我第一次从李校长那里听到的。后来被李校长称作"国旗下讲话三集中"。她说这是国旗下讲话相比其他活动的绝对优势。

如何发挥好"国旗下讲话三集中"的优势呢？我继续翻阅各种有关国旗下讲话的资料，企图寻找一些灵感。我记得李校长曾经说过，教育工作的创新要从教育实效出发,创新不代表要全盘否定或者推翻。我绞尽了脑汁,从创新主讲人方面考虑,改变讲话人员安排,由原来只安排全体中层干部讲话,更改为中层干部、级长代表、科组长代表和优秀学生代表都参与其中,希望以此更大地调动科级组长实施德育工作的积极性,也希望树立一些学生榜样。我企图创新讲话主题,将以往讲话比较多的结合时事、节日、纪念日,更改为围绕校训"健康、尊重、诚信、责任"来讲。

李校长让我提醒讲话的老师和学生,要从学生的实际出发,贴近生活,讲求教育实效性;挑选的学生要有榜样示范作用;并且建议这个学期讲话内容是否先围绕"尊重"来做文章。

我们挑选了四位具有榜样示范作用的优秀学生,讲话主题设计为"尊重"教育系列,如"尊重生命,健康成长""尊重他人,文明有礼""尊重资源,节约用水""尊重规则,交通安全要谨记"" 尊重他人,用微笑传递关爱"等。

李校长要求讲话者改变"集中的学生,不集中的思想"这种现状,拿出"情节"来,拿出"惊喜"来。但一学期下来,收效甚微。于是第二年,她决定先包揽第一个学期的"国旗下讲话"试试。2008 年 9 月 1 日,我们全校师生聚集在崭新的升旗台前参加升旗仪式。我猜想新学期第一周李校长可能还是跟以往一样作"新学期寄语"。

但很意外听到李校长说:"昨天我在五(2)班的板报上看到这样一句话:同一个学校,同一个梦想。我觉得他们说得真好,所以我把今天国旗下讲话的题目定为:同一个学校,同一个梦想。"五(2)班的同学马上鼓起了热烈的掌声。我看到五(2)班的班主任罗云梅和副班主任袁伯维两位老师露出了开心的微笑。昨天我也巡看了各班板报,当时也看到了这个题目,但我没有想到可以这样结合来进行国旗下讲话。

李校长善于观察和发现学生身边的事情,并把贴近学生的事例转化成讲话素材和教育资源。例如,接下来的第二周,她的讲话题目是《对自己负责就是送给老师最好的礼物》。她说:"本周三我们就要迎来第二十三个教师节了。我知道很多同学都在准备礼物,希望表达对老师的感激之情。但是同学们,你们有没有想过,老师最希望收到什么样的礼物?老师不要鲜花、不要掌声、不要贺卡,老师希望你们能对自己负责,对自己负责就是送给老师最好的礼物。"当周,我的三年级学生上数学课特别专心,个别不认真的学生也会被其他同学提醒:"认真听课是送给曾老师最好的教师节礼物。"一个月下来,升旗仪式上学生倾听讲话的纪律有了明显进步,国旗下讲话的教育实效性大大提高了。

李校长不满足仅用学生身边的素材,她说要从儿童立场出发,尝试在国旗下讲话里加入合适的故事。果然说到做到,李校长第六周讲"尊重他人,做自己的贵人",用故事"乔治·波特(George Boldt)与纽约华尔道夫饭店"作为切入点;第七周讲"人生第一要事是健康",引用了"陶行知先生等名人积极地锻炼身体"的故事说明健康的重要性;第八周讲"成功贵在坚持",借用"苏格拉底的学生柏拉图坚持甩臂运动的故事"说明成功贵在坚持。讲话里加入故事后,使得她的讲话内容丰富,小处见大,平中见奇。用故事作为切入点讲道理,学生更喜欢听、更容易明理和受启发。

2008 至 2009 学年第一学期,每位师生都很期待每周一的升旗仪式,在期待中猜想,下一个星期,李唯校长又会有什么好故事或是什么新鲜事和大家分享呢?甚至有部分班主任开始在班队会课上,结合李校长讲话的主题来开展教育活动。

创新可分为时间创新、空间创新、形式创新、内容创新等多种类型,李校长不仅在讲话内容上创新,还在形式上进行了创新。她有时请全校学生回答问题,有时请几位学生上台说说想法,有时请个别学生上台讲述自己的事例,有时请全校学生跟她复述一两句名言,有时带领全校师生宣誓。渐渐地,国旗下讲话演变成国旗下课堂。也是这个学期,越来越多的班主任尝试在班队会课上,结合李校长的讲话来实施教育活动。班主任在班队会上,常把李校长作为代言人,用她的话来教育学生,效果良好。

见到这种现象后,李校长提出一个大胆的设想,全校班队会课都开展"国旗下班队会课"。班队会课的主题就用升旗仪式上的国旗下课堂的主题,这样可以更好地形成教育合力。开展了几周国旗下班队会后,当时的教学处曾昭曙主任建议把每周五下午第二节的班队会课调到周一下午第二节,这样可以趁热打铁,提高教育效果。一个月后,大家惊喜地发现,班队会课作为"二次课堂",进一步补充、延伸、丰富、厚实了国旗下课程,使得国旗下的教育扎实深入学生内心。这时的国旗下课堂更趋成熟,国旗下班队会课与早上的国旗下讲话相呼应,共同构成了成熟的"国旗下课程"。

没想到,李校长这"一包"便"欲罢不能",2008 至 2009 学年第一学期后至今,李校长继续包揽了全部的讲话。她常说:"校长是学校的代言人,是一种育人的符号。"她还谦虚地说:"不是李唯这个人讲话有影响力,而是校长这个符号发挥了育人效果……"她认为,作为校长至少要做好四件事:开好行政会,对中层施加影响,做好学校管理工作;开好教师例会,对教师施加影响,做好教师专业发展工作;开好家长学校会议,对家长施加影响,做好家校合力工作;开好升旗仪式,对学生施加影响,做好学生德育工作。因此,再累再忙,她都坚持每周一次的国旗下讲话。后来,国旗下校长讲话、国旗下班队会课、学生国感、教师感悟、国旗下班队会实录、家长国旗下家教、国旗下博客、李校长专著《国旗下课程》等使得国旗下课堂逐渐形成国旗下课程,课程演变成文化,文化促进成长。

回顾国旗下课程形成过程,李校长提得最多的是"实效"和"创新"。国旗下课程教会我"实效 + 创新",也就是教育需要从儿童立场出发,讲求实效,创新是建立在实效的基础上的,从时间、空间、形式或内容等其中一方面或多方面上进行创新。反过来说，不是为了创新而创新，创新应该是为了使教育更具有实效性。

在这种思想的引领和启发下，我在开展教育教学工作时常思考、实践如何"实效＋创新"。2009 年的一年级入队仪式上，我打破传统，邀请了部分一年级入队新生的家长见证孩子们的入队。有一位家长动情地说："作为家长能见证自己孩子入队，对孩子和我都是难忘的。"原来学校里只有校级升旗队，为了让更多的学生能成为光荣的升旗手，我们在三至六年级各中队设立了中队升旗队。鼓号队训练，不仅是老师教学生，还开展"师徒结对"，实行老队员教新队员，大大提高了梯队建设的速度和质量。在数学教学上，我设置了"完美表现奖""优秀表现奖""自我超越奖"等奖项，激励学生自信学习；开展了分层次的趣味数学有奖答题游戏，提高学生数学学习兴趣；创新了作业全对、错题改正积分奖励办法，提高学生作业质量，促进学生自觉改正错题……

国旗下课程教会我"深入＋浅出"

"如何理解'以人为本'？从小学生的角度来说，就是要从儿童立场出发。比如，我们跟学生讲道理，要用学生喜欢的形式讲，让他们喜欢听，而且听明白……"李校长在不同场合阐述过这种观点。

李校长的国旗下讲话就是从儿童立场出发，从学生的生活中寻找资源，采用讲故事的形式，力求让学生"钻"进简单而寓意深刻的故事里，引发学生结合自身实际思考问题,领悟道理,修正自己,促进成长。她的许多讲话使我们记忆犹新。比如:《愿我们都有一颗橘子的心》《人生也像铅笔一样》《一颗糖果的诱惑》《人不能像树懒一样活着》《没有钱的布施》《如果没有天使,那就自己做天使吧》《富兰克林的坚持》《垃圾是不会被骂进垃圾桶的》《你会像马娇一样选择吗?》等。这些讲话让我们记忆犹新的原因不仅是生动典型的教育故事,还因为故事与学生现实生活、教育道理的完美结合。

学校一切教育教学工作都是围绕办学理念"珍视童年价值,培育生命自觉"来开展的。这就需要全校师生和家长理解办学理念,才有利于贯彻落实办学理念。对小学生来说,理解什么是"生命自觉"有一定的难度,可是您随意问问滨海小学的学生什么是"生命自觉",大部分学生都能用自己的话讲出一两点:"要做到生命自觉,首先要认真完成作业""生命自觉就是做好每一件自己应该做的事情""生命自觉就是做最好的自己""生命自觉就是尽力把事情做完整""生命自觉的人会珍惜自己的生命""生命自觉就是主动地完成每一件事"……这得益于国旗下课程的部分主题:《作业为谁而做?》《做最好的自己》《你竭尽全力了吗?》《责任心可以让我们把事情做完整》《立即行动并竭尽全力》《过好每一天》《做点有用的事》《培育生命自觉》《追求生命自觉》《责任助我们走向生命自觉》等。李校长设计了系列的国旗下讲话,深入浅出地帮助学生理解生命自觉。

在国旗下课程的熏陶下,渐渐地,我也学到了一些"深入浅出"的技巧。六年来,在李校长出差时,我有幸在国旗下讲过 10 次话。2008 年的讲话,我停留在说教式和讲大道理的方式上。2009 年,我模仿李校长,加入了学生身边的实际事例来讲。2010 年,我学习李校长,又加入了和学生的互动。2012 年开始,我学习李校长,尝试使用"故事 + 学生事例 + 互动"的方式深入浅出地讲话。我的每次进步都受到同事们的鼓励。尤其是 2013 年 2 月 25 日的《换一个角度去看吧》和 2013 年 10 月 28 日的《提高警惕 预防拐骗》受到了同事们的表扬和李校长的肯定。在《换一个角度去看吧》中,我首先出示一张白色 A3 纸,纸上点了一个黑点。然后和学生们互动,问:"这是什么?"很多学生说是一个黑点,也有少部分学生说是一张白纸。然后再结合一位学生总说别人缺点等事例,让学生明白"换一个角度去看吧!你会有更多新的发现,多看看别人的优点,多为别人着想"的道理。

根据上级文件要求和当时实际情况,2013 年 10 月 28 日我需要讲"预防拐骗"。在准备这个主题时,我好几天睡不好觉。以往已经讲过类似的主题了,而且拐骗这个事跟学生有点距离,这次如何创新,让大家觉得新鲜、有趣、易懂呢? 刚开始,我没有找到跟预防拐骗有关的有趣的故事,只好搜集和拐骗有关的新闻做材料。距离星期一只剩下两天了,我一筹莫展。讲话前一天,我看到儿子在做《木偶奇遇记》的读书展示课件。我也看过《木偶奇遇记》,想起了匹诺曹被狐狸和猫欺骗的经历，我突然来了灵感，于是形成了以皮诺曹的遭遇为切入点的《提高警惕　预防拐骗》的讲话稿。

事后，有学生跟我说："曾老师，我听了匹诺曹被骗的经历，一下子就记住了预防拐骗的注意事项。我还重新找了《木偶奇遇记》来看，班上好多同学都在看这本书。"

在数学课堂上，我也尝试运用一些数学故事，让我的数学课变得更有滋有味，让学生更容易明白一些比较难的数学问题。我深入浅出地教数学，让学生对数学学习产生更大的兴趣。

国旗下课程教会我"坚持＋积累"

在每周一的国旗下班队会课上，学生或谈自己的感受，或拓展故事，或反思自己，或展开辩论，畅所欲言。一节课只有40分钟，有的学生觉得没有讲够，班主任也没有办法听到每位学生的观点或感想。于是有的班主任突然想到，让学生把对国旗下课堂的感想写下来。老师们发现平常一写作文就头痛的学生，却很乐意写国旗下感想，一些平常写作文没写出几个字的学生，写国旗下感想却可以写成长篇大论。

国旗下课堂让学生有话题可讨论，有东西可想可写，于是部分没有担任班主任的语文老师也加入了这个行列，指导学生围绕国旗下讲话主题来写文章。张淑萍、陈利云等老师，还把学生的国旗下感想放到班级博客上，一方面鼓励写得好的学生，促进其他学生学习；另一方面也分享给家长们看,形成教育合力。还有一些用心的老师,指导学生把国旗下课堂感想都写在一个单独的作文本上,并编制了目录。特级教师王栋昌主任看到他女儿厚厚的一本国旗下课堂感想,美其名曰"国感本"。学期期末,德育处查阅各中队的《少先队工作手册》,惊喜地发现有些班级把国旗下班队会课的实录记录在手册里,生动地呈现了在国旗下班队会课上学生如何思考、如何辩论、明白了什么道理等。有些老师参与了国旗下课堂后,有感而发,除了口头交流,还形成短信、文章与同事们分享。由于学生写"国感"和回家把李校长讲的故事讲给爸爸妈妈听,家长也开始关注国旗下讲话。每当星期一升旗仪式时,学校围墙外总是围满了前来听李校长国旗下讲话的家长。

在家长义工早餐会、家长座谈会、父亲俱乐部等不同场合,有许多家长都开心地说:"自从要交学生国感后,我的孩子写国感更认真了,作文水平提高了!"还有很多老师问:"能不能多交学生感悟,我的学生很多都写得很好,只交五篇,有时候都不知道该把谁的交上去。"在班主任成长促进会上,有班主任眉飞色舞地分享如何开展国旗下班队会课,自豪地展示学生的"国感"。我们从老师们交来的国旗下感悟中,看到了许多教育反思和智慧,老师们的感悟传递着正能量,既能自我提升,又能同伴互助。

至今,学校已经收集了校长讲话稿、学生感悟、班队会实录、班主任感悟、教师感悟、家长感想等国旗下课程的各种资料1100多万字。许多学生在老师的指导下,编辑了自己的"国感本",部分老师以国旗下课程为主题形成了一些教育教学文章,部分家长围绕国旗下课程写了一些育儿心得。2012 年初,李校长撰写了专著《国旗下课程》,共 27 万字,被教育科学出版社出版,并开展了广东省中小学校本德育的实践与研究暨《国旗下课程》首发式,得到广泛好评。之后,国旗下课程实践成果获得广东省第三届德育创新成果一等奖和广东省第八届省普通教育教学成果二等奖。

六年来,每个学期的每个周一,李校长坚持进行"儿童立场＋教育实效"的国旗下讲话,班主任坚持精心组织好一周一次的班队会课,副班主任坚持做好每一次的班队会课实录,学生坚持认真写好自己的国旗下感悟,老师坚持结合教育教学工作写国旗下感悟,家长坚持和孩子交流国旗下课程。全体滨海人坚持结合办学理念,以人为本,从儿童立场出发,认真实施国旗下课程,并坚持记录国旗下课程的实施过程,积累所思所悟。正所谓"坚持就是胜利,积累总有成果"。因此,六年的"坚持＋积累"让我们不知不觉收获了国旗下课程的成果——原始资料 1100 多万字,教师自觉专业成长、家长自觉陪伴成长、学生自觉进步成长,还有群众、媒体等对学校的广泛认同和赞赏等。华东师范大学新基础教育研究中心主任李政涛教授给予我们学校的国旗下课程高度的评价。他说我校的国旗下课程是"有魂有根的课程转化"。可以说,国旗下课程为"学校办让人民满意的教育"立下了不小的功劳。

在今后的工作中,我将带着国旗下课程送给我的礼物——"实效＋创新""深入＋浅出"和"坚持＋积累",心怀"生命自觉"精神继续行走在教育道路上,我一定会看到更多美丽的风景,经历更多美妙的事情,收获更精彩的人生。

6.国旗下课堂引发的故事

王燕妮

作为滨海的教师,一周最期待、最感人的时刻莫过于国旗下课堂。建校六年多来,李校长在每周一的国旗下课堂里已坚持为全体师生上了一百多堂生动的德育课,她的这份坚持与耐心,对学生及教师产生了深远的影响,很多故事也由此展开。

垃圾是不会被骂进垃圾桶的

2013 年 10 月 21 日,滨海小学第八周国旗下课堂,校长为我们讲述了这样一个故事——《垃圾是不会被骂进垃圾桶的》,故事中的教授仅一个小小的"举手之劳"让在场的几百名学生从羞愧中领悟到了身体力行的可贵。校长的这几句话给了我很深刻的启示:"社会的每一分进步,都需要我们每一个人付出行动。如果我将身边的垃圾清理掉,世界就干净了一分;如果我的行为感化并带动了一个人,那么世界上又多了一分干净的原因。"这让我首先想

三、聚焦国旗下课程的实施与效果

到的就是我们的校园、教室的卫生。其实,我们深知"身教重于言教"的道理,可事实上我们太多时候都不自觉地言教多于身教。试想一想,如果学生随手扔的垃圾马上被老师捡起,这一定会比老师对他说十遍要讲究卫生还更管用。我们就像故事中的教授说的那样,大家缺乏动一动手,以举手之劳去改变现状的行为。要想让自己的教室时刻保持整洁,让自己教的学生能够不随地丢垃圾,学会自觉地弯下腰,我们只有唯一的办法——身体力行!

国旗下课堂结束后,我回到了办公室,不由自主走进了我所负责的美术教室。眼前的一片狼藉让我皱起了眉头:前排的几张桌椅东倒西歪,黑板没擦,课桌上放着几杯黑乎乎的洗笔水,画满线条的宣纸横七竖八地躺在桌面上,地上铺满碎纸,垃圾桶的垃圾多得已经堆了出来……我拿起扫帚,一边扫一边恨恨地想:六(6)班,正好今天下午第一节课是你们班的课,看我怎么收拾你们!可是再转念一想,这个班的孩子其实已经很乖了,就算我的一番"电闪雷鸣"能暂时刺激他们一下,但能有长久的效果吗?今天早晨校长在国旗下课堂刚给他们讲述了"垃圾是不会被骂进垃圾桶的,如果我们将身边的垃圾清理掉,世界就干净了一分",正好借这个机会让他们明白:"画室也是我们每个人的家,维护家的整洁是大家共同的责任"。我想这样的教育才能产生实效。想到这儿,我停止了打扫。将扫帚放回很不卫生的"卫生角"。抬头看到黑板,我灵机一动,在黑板上写下了"看教室,满目垃圾;叹同学,心无集

· 187 ·

体。垃圾是不会被骂进垃圾桶的——王老师留",然后又在字旁边画了一个愁眉不展的小人儿,便关上门走了。

下午预备铃响起,六(6)班的同学们已经排队来到了美术教室,我有意磨蹭到上课铃声响过才装作若无其事地走进教室。嘿,桌椅整齐,地面干净。我故意绕到后门一瞟,垃圾桶倒空了,而且全无早上"蓬头垢面"的委屈样,旧貌换新颜,正等待"检阅"呢。看我始终一言不发,小家伙们可坐不住了,一个个挤眉弄眼的。性急的李同学终于忍不住叫起来:"看后面,看后面哪!"我回头一看,黑板上多了几个字:"不做抱怨派,要做行动派",那个愁眉苦脸的小人儿已经换了表情,正笑眯眯地看着我呢。

我笑了笑,走到黑板前,将上面的字改为:"看教室,干净整齐;赞同学,胸怀集体!",教室里顿时一片欢笑,响起阵阵掌声。

和谐的师生关系并不拒绝批评,今天,我借助了国旗下讲话的内容很轻松地让学生们认识到了自己的错误,同时也让我自己明白了如何批评学生的缺点错误并引导其改正是一个非常重要且应讲究技巧的问题!

成功源于责任

六(3)班的小刘是班上较为散漫的同学。2013年11月,星期三的一节美术课上,他从走进美术教室开始就没有停止过"表演",说话、唱歌、打逗,不停地扰乱课堂。我先是暗示,然后提出批评,仍未奏效。我发起了脾气,想镇住他。他看见我生气了,并没有收敛,反而更不在乎了。

在教室里，我和他犹如决斗场上的斗士，其他同学好似看台上的观众关注这场决斗。如果我胜，课堂将恢复平静，如果他胜，今后这个班就会出现更多的捣乱者。想到此，我叫他暂时站到教室后面去反省，但被他拒绝。在我的严厉训斥下，他极不情愿地站到后面，嘴里还骂着难听的话。尽管如此，我没有跟他一般见识，心想，只要他能让我讲课就算了。

没有想到，他站在后面竟然用捡到的粉笔头扔其他同学。我急了，走到后面，望着他。他不但没有害怕，还满不在乎地说："看什么看，我脸上又没有东西，没看过啊？""你这样捣乱既影响自己，也影响同学！"我气愤地对他说道。他很得意地望着我："哼！你能把我怎么样嘛？"我见他这样不可理喻，又不想耽误太多的时间，就说："这样吧，我让同学请班主任杨老师过来。"我本想吓唬他，没想到他倒来了脾气："你有什么本事，不就是会请班主任吗？"这句话得到了那些本来就散漫同学的喝彩声。我被激怒了。愤怒之下，我连推带搡把他暂时"请"到了教室外面，总算结束了这场较量，教室里恢复了平静。第二天上他们班的课，小刘依然如故，想到他捣乱的样子我比较心烦，于是把他的座位调到了最后的角落里，不想理他了，学好学坏与我无关，不扰乱课堂不影响其他同学上课就万事大吉！

2013 年 12 月 9 日，滨海小学第十五周国旗下课堂，这天李校长刚从美国布朗大学学习回来，她为我们讲述了《成功源于责任》，她说在美国学习的时候，参观了美国著名的军事学院——西点军校。那里培养了许多杰出的人才，西点军校的校训是责任、荣誉、国家。什么是责任？责任就是竭尽全力做你应该做的事，竭尽全力做你能够做的事。只要你做到了这两点，你就是一个负责任的人，并最终获得成功。

此刻，我忽然想到了六（3）班的小刘同学。一丝歉意油然而生。教师的发展离不开学生，对这个调皮的学生我没有尽自己的努力去关注他、帮助他，而是把他放到角落里，不闻不问，这是极其不负责任的，就像校长所说的不负责任的教师是永远不会成功的。而教师的成功来源于学生。我有些后悔，不该这样对他，我应该为他做点什么。

周三的课上，我把小刘从后面的角落重新调回到了我眼皮底下。一开始他还挺不乐意回来，似乎对一个人坐在角落无人问津的感觉挺满意。我看他什么都没带，只带了一本小人书，也就明白了，上美术课就是他看小人书的时间。难怪最近的几堂课非常安静。也许是刚从后面调回来，上课时他还是有些收敛，没有捣乱。同学们开始做练习，他也不好意思当我面看小人书，就坐在那里一动不动。于是我微笑着递给了他一张纸和一支笔，他马上就说，我不会画。我把他的那本小人书打开，书上有很多幅小插图。记得之前教过他的颜老师曾经对我说过，他比较喜欢画小人书上的插图，而且画得很好。于是，我对他说："我听颜老师说你画小人书上的内容非常厉害，今天王老师想见识一下你的画功，怎么样？"他的眼睛里闪过一丝得意，立刻望着我说："颜老师怎么知道的？好,我今天就画给你看,让你见识一下!"看到他那副认真劲,我心里由衷地高兴。还真画得不错!此后直到放假,小刘同学在美术课上完全像变了一个人,不乱讲话,也不捣乱了,他交给我的每张作品都有自己的特色,我也总是不忘表扬他、鼓励他。这让我深深地感觉到世上没有教不好的学生,只有不会教的老师。试想如果我一直让这个学生坐在角落里,不闻不问,我想他以后再也不会画画了。

"努力吧,竭尽全力做你应该做的事,竭尽全力做你能做的事,你一定会成为一个有责任心的人,并最终获得成功。"这次的国旗下课堂校长教给我的不仅仅是责任二字,更让我学会了用心去体会教师职业的魅力。

滨海小学国旗下课堂时间虽短,却是一节高效的课堂,是滨海人期待的课堂,我们遇到的种种问题总是能够通过国旗下课堂迎刃而解,这一定是学生和教师受益终生的课堂。

7. 一节难忘的国旗下主题班会课

李意新

"五(3)班的小刘同学离校出走了"消息传来,无论是班主任还是其他老师、学校领导都分头行动,四处寻找,一时间,人心惶惶。

事情起因其实很平常，是每个学校都可能发生、每个老师都会遇到的小事。当天数学课上，学生在做课堂练习，坐在小刘同学后方的小曼同学说小刘抄别人的答案，小刘同学转身对着小曼额头就是一拳，小曼同学的同桌小天同学路见不平一声吼："没教养！我报告老师。"小刘同学恼羞成怒死命拉住小天。于是，这几位同学被带到班主任那里协助调查，小刘同学不服管教骗过了门卫离校出走。于是，就有了那场持续近24小时的"城市搜索"，所幸搜索成功，没有"丢人"。

受此事牵连，已有身孕的班主任因身体不适请假休养，而我这个副班主任便被"破格提拔"为临时班主任。周一，小刘同学以一副"王者归来"的姿态回到学校，还带着几分成为焦点后的不可一世，大声嚷嚷、高谈阔论。我看在眼里，心里很不是滋味，有失望、有沮丧，更有几分愤怒。该从何下手好好教训一下他呢？但转念一想，对于这种"孺子不可教也"，教育了就会有效果吗？会不会又把他训跑了呢？还是算了吧，就当什么事也没发生过。可这也不行，若不严肃对待，风气难正，其他同学会不会争相效仿其"英雄"行为呢？正当我左右为难、犹豫不决的时候，国旗下讲话开始了，那周李校长讲话的主题是"别人骂你怎么办"，讲话虽没有明着指向小刘出走事件，但我还是一下子就听出了校长的良苦用心，原以为她的讲话会回避这样的敏感的时间，没想到她巧妙地从事件的源头入手做这次讲话。

下午的班队会课照常进行,有些戏剧性的是这周的主持刚好是小刘同学。主持人宣布班会开始,先由几位同学回忆了校长讲话的主要内容,接着开始了以下几个问题的讨论:

(1)你不小心踩了别人脚怎么办?

(2)别人不小心踩了你的脚,你就一定要骂他吗?应该怎么做?

(3)别人骂了你,你就一定要打他吗?应该怎么做?

(4)你听到有同学骂了另一个同学,你是去告诉被骂的同学,还是去劝骂人的同学?

(5)你的好朋友被人骂了,你会怎么做?

每个问题的设计都有意无意地指向了引发小刘出走的那次争执。

几分钟的讨论过后,同学们开始慷慨陈词:"正所谓'让一步,海阔天空。'学习生活中,我们应该团结友爱。""如果发生矛盾,我们应该先想到团结友爱,这样就不会推卸责任,而是互相道歉、妥善解决了。""如果别人踩了我的脚,我应该不会打别人、骂别人,也不会动粗,我相信他看见我这样做他也一定会向我道歉的;如果我踩到了别人的脚,我会先说声对不起,再把同学送到校医室,然后再安慰他。""当别人骂我们时,我们应该笑呵呵的,这样也就是在骂他自己!""在我们的生活中,难免会有摩擦,做错的一方应该先认个错。这样事情就不会被激化,又可以大事化小,小事化无。对双方都有好处。我以后也要这样做。"

听着学生们说着应该这样、应该那样,我知道他们都把自己当成了旁观者。最后一个同学发言完毕,主持人小刘同学开始发难:"××,你说得那么好听,你做到了吗?"那位同学说:"我有时候做到了。"我抓住这个契机反问小刘同学:"小刘,当别人骂你时,你是怎么做的?"小刘怔了一怔,习惯性地挠挠脑门说:"我也会像他们说的那样,不会理他(她)。""那你做到了吗?"我紧追不舍地问。他继续挠挠头说:"嘿嘿,有时候做到了,有时候没做到。哎呀,别问我啦。"

于是,我对全班同学说:"下面发言的同学请注意,别再说我们应该怎么做,就说说现实中你遇到这些问题时是怎么处理的。"有少数同学起来发言了:"要是以前,如果别人骂了我,我的脑海里首先想到的是回骂他,但这次在国旗下听了李校长的讲话,让我明白了这样做是不对的,因为我们都是文明有礼的好学生。"我接着说:"看来道理同学们都明白了,但是为什么你们总是做不到呢?"我把这个难题抛给学生,学生们你看我、我看你,都不说话了。

就在这时,我发现校长不知道什么时候站在了教室的后方,她示意我由她来主持,便走上了讲台。她首先做了个调查:

(1)你们当中有谁从来没有骂过人?

(2)有谁从来没有打过人?

(3)有谁这个学期没有骂过人?

每个问题都几乎没有学生举手。她接着说:"同学们,你们刚刚都说得很好，都知道打人、骂人是不对的，但是却做不到。今天我来就要说说上周五发生在我们班的一件事。"我当时很惊讶，校长要在大庭广众之下来说这件事情吗？李校长把事情的来龙去脉交代清楚之后，让事件的三位主人公分别陈述了自己做得不对的地方，然后让他们当众向对方承认了自己的错误，还对小刘同学表达了特别的期许。最后校长对全班同学说："通过这件事我们都知道了，我们每个人都应该做好自己的事情，有事情发生了我们要想想怎样才能更好地解决问题，而不是火上浇油，不骂人、不打人是不容易做到，但是我们知道了这样是正确的，我们就要努力去做。"

无疑，这是难忘的一课，不管是对学生，还是对我。课后，小吴同学在"国感"中写道："这是一次特别的班队会课，不仅因为校长来到了我们班，还因为我们都'被迫'面对自己的问题。以前我们讨论什么都好像与自己无关，是在讲别人的问题。今天校长问我们自己是否骂过人、打过人，我才知道原来不仅是小刘，我们班每个同学几乎都骂过人、打过人，包括我自己也是。其实道理我们都懂，但是我们却没有努力去做，我以后会努力做到的。"可见，学生在校长的引导下有所触动、有所思考，尽管同学之间的摩擦和争执不会因为这节课彻底消除，但是他们触动过、思考过，他们知道了自己能做什么、要朝什么方向努力，想要变得更好，我想，这就达到了孟子所推崇的"教化"的目的。

作为教育工作者，国旗下课程也时时启发我、滋养我。

首先,对于这件事,当得知自己要承担教育学生的职责时,我的犹豫、踌躇和消极态度归根结底是因为教育信念不够坚定。而国旗下课程向老师们传递的一个重要信念便是学生是可以教化的,不管学生有什么表现、出现什么问题都应该坚定地认为学生是可以教化的,应该尽一切努力教化学生,这是每一个教育工作者应有的信念。

其次,在面对学生的问题时,我曾经一度飘过不作为的想法,实则缺乏教育的勇气,国旗下课程却用实际行动告诉我们,如果学生出现这样或那样的问题,不管是有意还是无意的,逃避不能解决问题,即便是像学生离校出走这样的敏感事件,我们也要拿出勇气来面对它。

再次,作为教育工作者,我们知教育是一个漫长的过程,教育不可能一蹴而就,但在一次次教育无果时我们也难免悲观失望,产生"孺子不可教也"的感叹,在小刘同学的教育问题上便是如此。但国旗下课程却经常就学生存在的某一问题反复地多角度地进行教育,比如学生的文明教养,比如诚信责任,这些都向我们传递了这样一个信息:教育不可能立竿见影、药到病除,每一个教育工作者都应该修炼自己的教育恒心。

最后,国旗下课程还带给我们许多教育的智慧,赋予我们教育的敏感。同样的教育事件,一个敏感的教育工作者能够巧妙地捕捉到教育的最佳时机,用学生可以理解的、能够接受的方式进行教育,潜移默化、春风化雨让学生得到教化,让他们有所触动、有所思考,朝着"做更好的自己"努力。

国旗下课程作为全体滨海人共同的生活方式、教育方式已经深入人心,它养育着学生、滋养着教师。若干年后,当国歌响起,国旗缓缓上升,国旗下课程的那些事儿会在我们的脑海里一幕幕闪过,串联起滨海童年的岁月、教育的诗篇。

8. 因为有你,育人路上并不孤独

黄小霞

有人说,教师是孤独的舞者。

但是,在滨海小学,因为有了国旗下课程的陪伴,教师们在教育教学的路上并不孤独。他们每周都在李校长的带领下和学生们一起演绎着一个个精彩的故事。

时光倒流,让我们一起乘着时光穿梭机回到 2010 年 11 月 1 日的那大下午。

那天下午对于大多数人来说可能只是一个普通的下午,但是对于当时的三(3)班的班主任和学生们却是非同一般的下午。因为那天下午的国旗下课堂由李唯校长亲自给学生们主持。

为什么李唯校长会在百忙之中抽空来给三(3)班的学生们上国旗下课堂呢?这得让时光再倒流两个月,彼时的我接任三(3)班的班主任已经快半学期了,可是在过去的两个月时间里，我时常会感觉到心力交瘁，力不从心。归根结底都来源于我们班的"三大金刚"。

远在上一学年，也就是他们还是二年级的时候，我就对这"三大金刚"有耳闻。只是未曾想到，这学期居然有跟他们朝夕相对的缘分。与"三大金刚"过招一段时间后，我时常会忍不住问自己：或许我上辈子罪孽深重，尤其是欠了他们三个不少。所以，上天不仅罚我今世教语文，还特意安排我做他们三个的班主任，好让我今生能有机会可以还前世欠下的孽债。每当他们闯祸连连，被任课老师屡屡投诉之时我就会这样安慰自己，好让自己受伤的心灵得到一丝丝抚慰。

很多时候，我每天就是啥事都不用干，单处理他们三个捅下的篓子都够我忙的了。

有一回，数学课刚上课没多久就有学生下来叫我上去看看。我上去一看，简直快要气晕过去了。王同学在教室外面的走廊上爬来爬去，张元把数学课要用的教具黄豆扔得满教室都是，而陈同学则是整个人趴在地板上玩得不亦乐乎。我让王同学站起来，我跟他说："我给你两个选择，一是安安静静地走进教室认认真真地听课；二打电话叫你妈妈过来……"我话还没说完他就连忙说我选择第一个。然后就大摇大摆地走进教室，脚步踩得噔噔响，几乎所有学生都回过头来看。我一看气不打一处来，厉声叫他出来。硬把他拖着往办公室走，还在楼梯上他就一屁股坐在地上开始哭闹……这样的情景三天两头就会上演一场，我感觉他们几乎每天都在考验我的耐性和智慧,而我的自信也在层出不穷的状况下渐渐消失殆尽,几度陷入绝望的境地,直到快到崩溃的边缘……

不得已,我向李校长求助。向校长说明情况之后,校长告诉我要调整自己的心态,并且要特别注意教育智慧。并于当天下午就到我们班给学生们上了一节班会课。

校长来到我们教室的时候,尽管上课铃声已经响了好一会儿了,但教室里依然一片混乱,有站着高谈阔论的,有在地上摸爬滚打的,更有甚者,还在满教室追跑。我赶紧手忙脚乱地组织他们做好上课的准备,学生们见校长进教室了,意外之余倒也很快就安静下来。于是我便开始上班会课了。

我的开场白是这样的:"看到同学的眼睛转来转去,一直望着李校长,是不是很意外?告诉大家一个好消息,李校长听说大家课间爱看书,特意来参加咱们班的主题班会课。课间看书不仅休息好,又能获取知识。就在刚刚又有一个同学跟我换表扬信,大家掌声鼓励一下。希望越来越多的同学喜欢看书。今天我们班会讨论的主题是什么?"

话音刚落,学生们异口同声地说:"读书,这么好的事!"

接下来我便带领学生们一起回顾了李校长早上在国旗下的讲话内容,并组织他们讨论了读书有哪些好处。

李校长见学生们讨论得差不多了,就走上讲台来让我示意学生们停止讨论,并让学生们分享了自己对读书这么好的事好在哪儿的看法,听了几个学生的看法后,看到王同学把手举得高高的。李校长便把王同学叫到了讲台,询问他的名字,并带着王同学走向教室后面的读书展示板数王同学贴在上面的书名,肯定王同学在读书方面的卓越成绩,然后询问王同学还在哪些方面很卓越。见王同学沉默不语,便说:"我看你身体比较好,你在健康方面很卓越。"并问学生们学校的校训是什么。接着,李校长便围绕学校的校训"健康、尊重、诚信、责任"这四个方面让王同学说一说他在这些方面的表现,得知王同学在责任方面做得不够好,便引导他在责任方面要改正。随后,又相继把张同学和陈同学叫起来,询问他们在校训四个方面的表现,整个过程中没有一句批评,却让这三个学生知道了自己的不足及怎样改正,也让我从中学到了处理问题的一个行之有效的办法:就事论事,正面引导。

在班会课的最后,李校长对学生们说:"同学们,文明公民,阅读为荣。通过阅读,我们知道和同学相处要文明。我衷心希望你们热爱阅读,过几天我还要到你们班上来,希望你们下次养成了良好的习惯,多读书,学到礼仪,学到诚信,更要在我们的生活中将学到的这些道理贯彻进去,每个人都知道尽责。比如,我有责任尊老爱幼,我有责任按时完成作业,我有责任帮助同学。回去你们再好好思考下:作为一个小学生,你们有责任做到哪些?我希望你们越来越优秀。"

李校长的这一举动给我传递了无穷的正能量。一个日理万机的校长得知一个班级出现了问题都会立刻采取行动,亲自来给这个班上班会课,帮助这个班,帮助这个班级的老师,那我作为这个班的班主任有什么理由不想尽办法,竭尽全力去帮助学生解决他们遇到的问题呢?正如李校长经常说的一句话:办法总比困难多。只要去想,问题总会解决的,就算我黔驴技穷了,这不还有包括李校长在内的同事们吗?

在李校长和同事们的开导下,我调整了自己的心态,遇到问题的时候不再只会一味地自怨自艾,而是积极地想办法去解决。通过向李校长和各位前辈取经,我调整了班级管理的一些策略,一段时间以后,班级整体状况都好了很多。其中,我觉得收获最大的就是充分利用国旗下课程帮助自己解决了不少班级问题,尤其是让我最头疼的"三大金刚"的问题。

有一次,班级来了一批新书,但是在发书的时候却发现少了 套,怎么办呢?已经临近放学了,再去学校找 套肯定来不及了,看着学生们一张张开心的笑脸,一双双充满期待的眼睛,我真的不忍心看到任何一个学生失望的表情。但不管怎样,还是得面对,我决定把这个难题让学生们自己去解决。于是,我便对学生们说:"同学们,老师知道你们看到新书都非常开心,都希望能今天就把新书领回家去看,但是老师数了一下,发现少了一套,所以今天得有个同学要明天才能领新书,谁愿意做那个谦让的学生呢?"话音刚落,原来还非常热闹的教室一下子变得异常安静。大家都把头低了下去，不敢面对我充满期待的眼神。过了好一会儿，几只小手陆陆续续举起来了。其中竟然有张同学。我赶紧把他叫起来，问："张同学，你愿意把新书让给其他同学是吗？你是怎么想的呢？"他点了点头说："我想做个帮助别人的孩子。"后来，学校向我们征集国旗下素材，我便把这件事写下来发给了李校长。李校长在一次以"给予比接受更幸福"为主题的国旗下讲话时当着全校师生的面把张同学请到了升旗台，当众表扬了他把新书让给别人的这件事，全校师生都给他送上了热烈的掌声，那一刻我看到平时放荡不羁的他脸上居然露出害羞、腼腆的神情。那一刻，他在我心目中的形象焕然一新，恍如一个天使站在我面前。在下午的班会课上，我又把这件事在班里讲了一遍，全班再一次把掌声送给他，掌声经久不息……而张同学也渐渐在一次次掌声中一点点进步了。

还有一次，学校让学生们写《我眼中的班级公约》，我看到陈同学重点写到了我们班班级公约的第四条：我们不在教室和走廊里跑、跳，进出教室要保持安静。他写了他一年级跟同学程同学在走廊玩，一把把程同学推到消防箱上，把消防箱的玻璃都撞碎了，程同学的胳膊也被割伤流血了……他在文章的结尾还写道：他要吸取这个教训，要遵守我们的班级公约，再也不在走廊跑、跳。我把他的这篇文章修改一番投到广播站，并且幸运地被播出来了。当学生们听到陈同学的文章被播出来，都不约而同地送给他热烈的掌声。而我在广播结束后大大地表扬了陈同学。

表扬他最近写作业越来越用心了，写出这么好的文章来。并且号召全班同学学习他不再在走廊追、跑的决心……

在李校长的帮助下，在国旗下课程的协助下，尽管那三个宝贝后来偶尔还是会出现一些状况，但我发现当学生气喘吁吁、面红耳赤地跑来向我投诉说王同学、张同学他们又怎么怎么了，我不会再像之前那样一听到他们的名字就会头痛不已，焦躁不安，而是会比较淡定地问清楚事情的原委，然后再去处理。

我回到家里翻看一些教育案例时，时常能在书里面找到他们的影子，每每想起他们的一些"丰功伟绩"之时，我会不由自主地有一种心痛的感觉。这几个学生其实都很可怜，他们比其他学生更孤独，更无助……我想很多时候他们也很想表现好得到老师的赞许、同学的肯定，只是很多时候他们可能确实控制不住自己。那时的他们更需要我们的帮助。

正如李校长说的，老师，就是帮助学生成长进步的人。教育就是一群有意思的人做一件有意义的事，并不是一个人在默默地孤军奋战，诚如我们的国旗下课程。所以，在这样一个充满和谐和关爱的氛围中，我们又岂会感到孤独呢？

9. 国旗下课程, 让生命成长

曾琳燕

两年的班主任工作,让我体验了其中的酸甜苦辣,一切都充满了挑战。曾经是如此的茫然,如此的手足无措。尤其是对学生的教育问题,更是令我头疼的事。课程化形式的国旗下课堂,已经成为滨海德育的一道亮丽的风景线。它给了我很多教育启示,也让我和学生们体验到一起成长的喜悦和幸福。

主题鲜明, 突出主题的教育目的

国旗下课堂,必须适应新时期教师对学生的多角度、多方面的教育。因此,好主题是开好班会的前提。每周一的国旗下讲话,李校长都对主题再三斟酌,精心准备。力求从学生的日常行为出发,寻找学生中普遍存在的问题,对学生进行思想、品德、心理教育,推进学生的自我管理,实现主题教育目标。请看以下几个花絮。

《善良的双手》二(4)班的主题班会正在欢快、活泼的气氛中进行着。"同学们,人有几只手? 我们的双手都能做些什么?"话音刚落,学生回答:"两只,我们的一只手是帮助自己,另一只手是帮助别人的!"我投以赞许的目光。"那我们都有谁做过帮助别人的事情?"学生纷纷举手分享。讨论环节,屏幕出示"当同学受伤,学习生活遇到困难,怎么办?",答案是:"我会帮助他,因为我们是同学。""当同桌病了,吐脏了你的衣服,你该怎么办?",答案是:"没关系,我擦干净就行了。""汶川地震中的孩子们,失去了父母,生活困难,没有书读,该怎么办?"同学们争先恐后地回答:"我们帮助他""我会把心爱的图书送给他们""我把我的零用钱捐给他们"……

不难看出,这个班级已经有了自己的血肉和灵魂——团结友爱、善良纯真。这就是国旗下课堂所产生的综合效益。它以鲜明的主题,真实感人的内容和平等、宽松的氛围,为学生种下了真善美的种子,促进了团结、友爱良好班风的形成。再如《对自己的人生负责》《读书,这么好的事》《不简单与不容易》等主题,鲜明集中,目标明确,既注意了学生年龄特点和接受能力,又结合了班级存在的实际问题,达到了主题的教育目的。

从学习生活细节出发,强化自我管理

每一次的国旗下讲话都是从学生的身边事出发,用一个个发生在学生身上的故事,去启发学生。苏霍姆林斯基说过:"任何一种教育现象,学生在其中越少感觉到教育者的意图,他的教育效果就越大。"从学习生活细节出发,可以在潜移默化中达到润物细无声的教育效果。

相信每个班都会有老师最爱的"宝贝",我们班也不例外。小杨,一个非常调皮、好动的男孩。"上课不自觉"这个问题成了我的"心病"。比如,上课经常可以看到他"飞舞"的身影,要不就趴在桌子上,沉浸在自己的世界中……他对学习提不起兴趣,对此,我也没少费功夫,想尽办法跟他沟通，引导他、教育他，但不见多大起色。而每次做完思想工作，他只是用无辜的眼神望着我，第二天"再接再厉"。对此，我感到万分无奈和无助。

正当我一筹莫展的时候，2010 年 12 月 6 日的国旗下讲话的主题"种下一颗童年的种子"，给我指明了方向。班会课上，我说："同学们，你们在童年时的所有言行举止都会种下一颗种子，它将决定你会成长为一个什么样的人。"接着我让每个同学都说说自己想种下一颗怎样的种子。我特地请小杨来说说自己的想法，他当时的回答让我惊喜万分。他说："我上课总是忍不住要玩，我知道上课要认真听讲，可是就是控制不住。我希望自己上课能认真一点儿，所以我想种一颗'认真'的种子。"课上，我郑重地表扬了他，并且告诉他学习是自己的责任，只要有信心、有恒心，你是可以做到的，大家都会帮助你的。

为了帮助小杨，也为了让上课不专心的学生遵守课堂纪律，认真听讲。那节课上，我跟学生一起讨论，修改了本班的"我们的约定"，加上一条"种下一颗认真的种子"。这是他们自己约定的，是对自己的不良行为的约束。实行起来，效果果然不同。每当有同学上课不听讲时，我都会委婉地提醒他们，久而久之，学生们都会相互提醒，自我管理得到强化。而小杨也有了改变，课堂上也收敛了很多，不会老沉浸在自己的世界中，偶尔能看见他高举的小手。虽然偶尔还是会犯错，但是我会这样提醒他"还记得国旗下课堂上，你种下了一颗怎样的种子吗？"而他，每次都会低下头,不好意思地说:"认真。"我想,他开始慢慢知道,"认真"的做事态度,对他有多么重要。在他心灵深处,一定有颗"认真"的种子,在慢慢地生根、发芽。虽然,成长为一棵大树还需要很长一段时间,但是,我已经看到了希望。每当看到他认真的样子,看到他一点一滴的成长,我心里有一种说不出的欣慰。小杨的变化让我知道:在恰当的时间,选用恰当的方式,教育才会水到渠成。国旗下课堂,就是一个恰到好处的教育契机和方式,让学生的心灵在轻松、愉悦的氛围中受到熏陶,得到成长。

形式灵活多样,是学生成长的乐土

教育学生的重要目的之一,就是能力的培养。国旗下课堂是培养学生多种能力的舞台。学生围绕主题联系实际讨论交流,引发思考并形成感想,继而公开演讲。这一过程有助于学生的思辨能力、写作能力、口头表达能力的提高。国旗下课堂的开展,根据学生的年龄特点,采取多样的形式、方法,始终以内容为基础,以效果为目标。

例如,就《给予是快乐的》开展形式而言,有故事回顾,故事分享,聆听心声,品读名言等。学生乐思、乐言、乐悟、乐写,这样的教育效果远胜过简单的言辞说教。另外,对于一部分不敢举手发言的同学,在小组轮流发言的规定下,也会积极去思考,既锻炼了学生的胆量,又提高了口头表达能力。特别是小主持,如果说低年级的小主持只是班主任的"配角"的话,那到了高年级,他一定会是一个出色的"主角"。国旗下课堂是学生学习生活的大舞台,也是成长的乐土。它对培养学生能力,提高学生素质,促进学生全面发展起着举足轻重的作用。

国旗下课堂是德育的聚光灯。它让学生体验到生命的成长,让师生感受到心灵交汇的幸福。现在,每周一的国旗下课堂成了老师和学生的共同期待。或许,学生期待的是更精彩、更有意义的故事,而老师期待的则是收获更有效的教育技巧和教学契机。就让这种期待,照亮我们的生命,一直美丽下去……

10. 原味变多味——"国旗下课堂"游戏设计

陈俊

每周国旗下讲话,就像是给大家提供了一份原味食材:对于那些悟性高的学生,它就是三文鱼片,可以直接吃了吸收里面的营养;而对于大部分学生来说,这道食材还需要经过我们的加工烹饪变成一道道美味佳肴,他们才能品尝到其中的滋味,汲取到里面的营养。

我任教的三年级,学生大多八九岁,这个年龄段的孩子爱玩自不必说,心智上也初步能明事理。所以在这学期的国旗下课堂里,我针对不同的主题,为学生们设计了一系列课内课外游戏、活动,重在让他们在做和玩的过程中,切身体会到其中蕴藏的道理,以自然醒悟代替单纯说教。

室外游戏，课后延伸

在本学期的"TEAM WORK"主题中，我设计了在阳光体育的时候全班开展多人多足活动。最开始学生们跌跌撞撞、跟跟跄跄，只能两人三足。相互指责之声到处充耳："都怪你没走好""老师，我不要和女生一起走，她们的步子好小""我们不想和余同学组合啊，她太矮了"……后来他们可以肩搭肩五人六足跑起来，指责被商量、找办法取代了："樊同学，你力气最大你站在中间，好带动所有人""马同学跟许同学差不多高，我觉得他们两个应该站在两边对称的位置，这样走的时候我们才不会摔倒"……在磨合的过程中，学生们从指责、协商、找方法、攒经验、体验胜利的喜悦中，自然而然地体会到一个团队中，需要的不是相互指责、抛弃队友，而是互相帮助、取长补短、团结一心。

室内游戏，随堂体验

讲到"秩序"这一主题的时候，在班会课上，我安排四大组之间比赛排队，看哪组最有秩序。课后我对这一主题再设计，觉得可以用家家都有的纸巾筒和乒乓球，在四到六人的小组里进行这么一个游戏。以六人为设定，在纸巾筒里放进六个乒乓球，告诉学生这六个乒乓球分别代表他们自己（若要提高难度，可以在每个乒乓球上写上数字分别对应每个孩子），而这个纸巾筒就是一个危险的地洞，一声令下，大家要用最快的速度拿出一个乒乓球，代表救出了自己。随后在不给学生任何提示的情况下，一声令下，让他们在原生态的情况下逃生。可想而知，争先恐后是难免的,甚至六只手一起伸向纸巾筒被集体塞住,或者个别人的手被擦伤弄痛。接下来,再指导学生按照顺序拿出乒乓球。两番游戏下来后,让学生谈感受。秩序的好处,无序的危害,不需要老师多说教,学生自有切身的体会。最后老师再加以延伸点拨,一切朝向学生明了的自会如春雨润物。

例如"盲人回座位"游戏对应"关爱盲人"主题。游戏方式是,四大组每次出四位在相同排数的学生,用红领巾蒙住眼睛,从讲台出发,看谁最先回到自己的座位。

联系过往,反思呼应

在"机会是留给有准备的人"这个主题中,我结合的活动是班级班干部竞选。开学后一个月,我们用了近两节课的时间举行了本学期的班干部竞选。共有 29 个学生参加,得票最多的郑同学竞选语文课代表;得票最少的王同学竞选班长。

当时我们竞选的时候做了一个统计表,在这节班会课上,我让学生回顾当时的这场竞选,再看看统计表,去体会为什么竞选者之间得票悬殊。我抛出一个问题:仅仅是因为那天他们的竞选演讲有好坏之分,所以才各自得到的支持票数不同吗?这时,那天参加竞选的,没参加的都开始思考这个问题。要知道,包括我在内,之前对这个竞选票数背后的原因都没有去深究,直到这次班会,我才和学生们一起去思考。慢慢地在你一言我一语中,大家慢慢明白过来,其实在竞选之前,在这个机会到来之前的一、二年级两年时间里,竞选者的表现已经在每个同学心中有了高低之分,所以,机会是留给有准备的人的。接着我顺势提道:下次的竞选机会来临之前,我们要做好哪些准备才能帮助我们获胜呢? 一时间,大家纷纷给出友善的建议,落选的更是踌躇满志地给自己进行规划。这次班会利用的是以前举办过的活动,因为间隔时间不远,同时又是全班一起见证,29 人亲自参与的,所以遥相呼应"机会是留给有准备的人"主题,前后贯通,取得了很好的效果,我自己也在那一刻突然明白了很多。

持续性活动,附加效应多

对应"阅读圆梦"建立"三二英雄联盟书库",让学生带来自己的图书建立班级图书馆,供大家相互借阅。这个书库一建立就是持续整个学期的,围绕着阅读,还培养了学生们分享、自觉登记、诚信、遵守规则等诸多品质。

提议讨论辩利弊,学生自主寻真理

期末赔偿弄丢的图书馆书籍方案征集辩论会,"自己闯祸,自己买单"呼应"责任"主题。期末的时候班里有几本从图书馆借的书查无所踪,怎么赔偿,他们各抒己见,一时争执不下。于是我们开了一场"自己闯祸,自己买单"的征集会,让学生一一提出自己的看法,然后再一起讨论各自利弊,最后投票表决。他们提出的办法有:一是把丢书的总价除以全班人数,然后大家均摊;二是从班级经费里扣;三是让那些弄丢图书的同学负责赔偿。最后通过的是第三个提案。整个活动,既调动了学生的积极性,让他们主动去思考,让他们对自己闯的祸负责,又在不断地辩论中,训练了思维,学会甄别不同意见。最后经过讨论,他们心服口服。

竞赛起硝烟,主旨来把航

"长颈鹿队"与"长颈龙队"语文园地大 PK,呼应"温故而知新"主题。这个活动重在过程中的气氛调动,因为是比赛,学生情绪很容易激动。所以,一方面既要调动起学生们竞赛的劲头,另一方面又要不断平衡他们的情绪,并且一直要注意活动的目的是复习巩固知识,竞赛仅是组织形式。

一学期的国旗下课堂主题班会,我发觉三年级学生比起听更喜欢说和看视频,比起自己说更喜欢和别人辩论,比起跟别人辩论更喜欢跟别人玩游戏,比起单纯的玩游戏更喜欢挑战有竞赛性质的游戏活动。

一个鸡蛋,入门级别的可以做成水煮蛋、水蒸蛋、茶叶蛋;家常级的可以做个番茄炒蛋、紫菜蛋汤;大厨级的可以做个沙琪玛、蛋糕。而我们每一位"大厨"用一双妙手,可以将"国旗下讲话"的原味化为百变滋味,成为学生的美味大餐!

（三）家长篇

1."上天最好的奖赏"在延续……

一（2）班　叶皓元家长　叶剑明

滨海小学李唯校长坚持每周在国旗下给孩子们讲一个故事，其中有一个故事让我和我的孩子叶皓元有特别深的印象。这个故事虽小，但我坚信，它将在孩子的成长历程中不断延续，留下深深的印迹。

在两个多月前的一个星期一晚上，我刚下班回到家，就听到小皓元兴冲冲地对我说"爸爸，你知道什么是上天最好的奖赏吗？"我故作惊讶地回应："哦，我可不知道，那你能教我吗？"

"我知道我知道，我讲给你听吧"。故事大致是这样的：有一个好孩子，名字叫玛莉，她有一个弟弟却很喜欢捣蛋。有一天，玛莉帮妈妈把烤好的甜饼送到了餐桌上，没得到奖励。而她的那位只知捣蛋的弟弟却得到了一个甜饼作为奖赏。玛莉很不高兴，心里默默地说："这不公平，为什么我做了很多好事，妈妈都没奖励我。对弟弟，妈妈就奖给他一块甜饼呢？"玛莉写信给一位很出名的儿童栏目主持人，问了这样一个问题："为什么好孩子得不到上天的奖赏,坏孩子得不到上天的惩罚呢?"主持人叔叔是这样回答的:"上天让我们做好孩子,就是对我们最好的奖赏!"小皓元讲完故事后,很自豪地对我说:"现在你懂了吗?这个故事很好听吧,是李校长讲给我们听的。"

小皓元若有所思地问:"我们做好孩子就是上天最好的奖赏,那我们不应该因为要玩具啊、要买东西啊、要有奖励啊,才去做好孩子,对吗?"小皓元又接着问:"好孩子就是上学不迟到,上课认真听讲,讲卫生,帮助同学,对吗?"我很开心,能够这么简单、直接地让孩子得到健康成长的启示,这个故事还真的不简单。

这个故事很出名,我略有所知,是发生在 1963 年《芝加哥论坛报》儿童版栏目主持人西勒·库斯特先生与小女孩玛莉之间富有哲理的故事,多年来一直影响着人们。可是,接下来孩子的问题让我扪心自问,我真的懂得这个故事吗?

小皓元问我:"上天还在吗,他在哪里啊?我们做好孩子还是坏孩子,他看见了吗,他知道吗?"哦,这与宗教有关系,我该怎样向孩子浅显地解释宗教的知识,这可是对"大人"的一个挑战。

小皓元又问:"坏孩子能够得到真正的惩罚吗,他一直都是坏孩子吗?"这似乎又与中国的"恶有恶报,善有善报"有关联,我又该如何解释中华传统文化思想呢?

小皓元再接着问:"怎样才能做好孩子,不做坏孩子呢?"这个问题乍一听很简单,可是细细一想,还真不简单。

好孩子或者坏孩子有没有具体的标准,好孩子或者坏孩子是否一成不变,如果没有一成不变的标准,那我们该怎样引导他们做好孩子？没想到接下来发生在小皓元身上的真实事例,则是"上天的惩罚"版故事,让我找到了一些答案。

就在前不久,叶皓元和另一位小朋友到三年级的课室搞破坏,接连三次,乐此不疲。当我从班主任刘老师那里得知这一事情后,大为震惊,自认为对孩子的思想言行有把握,自信满满地把孩子归类为"好孩子"的我,这一次十足的始料未及。生气之余,还是平心静气地与孩子探讨"好孩子"的话题。于是,再接下来就有父与子的一番对话。

"为什么要做坏事啊,而且还是连续几次？"孩子怯怯地回答:"我只是下课后无聊,才跟同学跑到三年级的课室去弄他们的课桌、墙报的。"

"有没有想到做坏孩子会受到上天的惩罚呢？""那时候没有,只是调皮起来觉得有些好玩儿。"

"怎样的行为才是坏孩子呢？""不听话,老是调皮捣蛋,搞坏别人和班上的东西是坏孩子。"

"平时很听话,学习很优秀、上课很认真是好孩子吗？""是啊。"

"但如果这位学习很优秀、上课很认真的孩子下课后在自己的课室或者别的课室里搞破坏、损坏公物,他还是好孩子吗？""不是,好孩子不会捣蛋的。"

"还有一位小朋友,他学习可能不是特别优秀,但是他尊重老师,爱帮助别人,也遵守学校纪律,爱护公物,他是好孩子吗?""是好孩子。"

"你之前的学习一直比较好,曾经担任缤纷节的主持人,也没有其他让老师严厉批评的行为,可以说是好孩子的表现。可是你这一次做了这样的事,影响到其他班,而且你们还把树苗给折断了,使得所在班的同学们耗费了几个月的实验不得不中止,你觉得你这一次还是好孩子吗?""不是,是坏孩子的行为,我影响了三年级的班,我做错了。我向刘老师、向三年级的老师道歉了,合唱团的周老师也带着我去了德育处,我也道歉了。老师们说我的道歉很诚恳,原谅了我。"

"你觉得你做坏事的时候,上天在看吗?""有的,我做的坏事老师知道,爸爸妈妈也知道,应该是上天告诉你们的。"

我对孩子说:"因为你做了错事,你要承担责任,比如,要接受学校的批评,暂停参加合唱团的学习,要看你的表现才能够考虑是否让你重新加入合唱团。你能接受吗?""我接受,我会改正的。"

"如果学校不暂停你在合唱团的学习,你觉得还有上天的惩罚吗?""我知道,做坏孩子就是上天的惩罚。""还有吗?"叶皓元想了想,说:"还有,比如,爸爸妈妈很生气,老师和同学们也不高兴,这个时候你们都不喜欢我,这就是对我的惩罚啊。"

我想,"上天最好的奖赏"的故事教会的不仅是孩子,还有大人。不仅让孩子们慢慢懂得生命自觉,怎样做好孩子,惧做坏孩子,让孩子们做好孩子时自然而然地产生"荣誉感",做坏孩子时产生"负罪感",而且让身为父母和老师的我们懂得:听话、学习好并不是好孩子的全部。让我们深深思考:怎样才是好孩子;我们该怎样面对孩子,该怎样给好孩子以精神的奖赏、信念的激励、言传身教的感染,而不是动辄给予市俗化的物质奖励。这个故事会一直延续下去……

2. 在国旗下成长
——透过 JACKIE 国旗下日记看滨海小学国旗下课程

一(5)班　王婧语爸爸　王彦

我的孩子(JACKIE)上小学一年级了,就在我家小区对面的滨海小学。每天我站在阳台上,就可以看到孩子们在操场上的活动,学校响起的音乐、晨操口令等都可以透过扩音器清晰地传送过来。学校进行的重大活动,我们也可以尽收眼底、先睹为快。在 JAKCIE 上小学以前,每到周一,经常听到学校的李唯校长在升旗仪式之后的国旗下讲话,但都没有过多的留意。但自从 JAKCIE 进入滨海小学之后,便自然而然特别关注这一活动。

JACKIE 从幼儿园中班就开始养成每天口述日记的习

惯。从 JACKIE 进入滨海小学的第一个周一起，我们发现她每个周一的日记里首先讲到的就是国旗下课程的内容，我们姑且称这部分日记为"国旗下日记"。

其中，JAKCIE 入学第三个周一的"国旗下日记"是这样写的：

2013 年 9 月 16 日 星期一 天气:晴 心情指数:★★★★★

今天早上我来到学校,又升国旗了,升国旗时,李校长给我们讲了一个故事。讲的是《马骄的选择》,就是马骄在比赛中放弃自己和教练准备了四年准备夺得冠军的机会,选择了去救在比赛中遇到危险的队员郝秀美。我觉得马骄这种友谊第一,比赛第二的精神很值得我们学习。晚上,我还把这个故事仔仔细细地讲给爸爸妈妈听了,妈妈说这个故事很有教育意义。爸爸也说,我们在学习、生活中,都要把人的安全和生命放在第一位。而且我们永远都要有一颗关心他人、爱护他人的心。

这是 JACKIE 妈妈和我第一次感受到国旗下课程对孩子的教育。当然,最后我说的那两句话是在理解了这个故事的意义之后有意引导或影响她的。因为作为一年级的孩子,可能还没能完全理解故事中深层的含义,需要我们家长适当地引导或影响。

此后,我们发现,JACKIE 慢慢喜欢上了李校长周一的国旗下讲话。差不多三个月后,从 JACKIE 的一篇"国旗下日记"中看得出,滨海的孩子们几乎是期盼着每周一李校长的国旗下讲话了：

2013 年 12 月 9 日 星期一 天气:晴 心情指数:★★★★★

  今天是星期一,我很喜欢星期一,因为星期一可以听李校长讲故事。今天,李校长终于又在国旗下讲话了。她说:"有个高年级的同学问她,校长,您怎么这么久都没在国旗下讲话了? 那个同学还说我好想您啊!"我也很想李校长。然后,李校长说:"同学们,我也很想你们,我是去美国学习了。"这件事爸爸也说过,因为爸爸上周还去李校长的办公室和她谈了,要怎样才能把我们滨海小学建设得更好? 李校长还把她写的一本叫《国旗下课程》的书送给了爸爸。后来,因为李校长在讲话时我很尊重她,两眼一眨都不眨,一直盯着李校长,专心地听她讲话,而且我站姿也很好,一直都站得端端正正的,于是老师就奖励给我一朵小红花。

  后来,我们还通过 JACKIE 的"国旗下日记"了解到,李校长在滨海小学针对国旗下课程培养了一个团队。在李校长出差期间,可以由学校其他领导、老师米"代课",使孩子们期盼的国旗下课程得以正常持续地进行。

  滨海小学的国旗下课程形式多样,内容广泛,其中有些是提醒孩子们注意安全、树危机意识方面的内容;也有学习方法、学习技能和学习态度的教育方面的内容,还有引导教育孩子们养成良好习惯的……

  更重要的是,国旗下课程已成为滨海小学思想品德课程之一,就如一盏指路的明灯,对孩子们人格的健全、良好思想品德的树立起到了方向性的指引作用,如《最好的奖赏》《知错能改，善莫大焉》等。

滨海小学的国旗下课程还有些启发孩子们的智力，鼓励孩子们发挥丰富的想象力、感受身边的美好事物、产生创造力的内容，如《想象力是创新的源泉》《发现美、感受美、创造美》。

滨海小学还在每周一下午的第二节课开设了班队会课，其中主要内容之一就是对上午国旗下讲话进行再教育，让孩子们理解早上升旗仪式之后的国旗下课程的真正含义。我们平时在家里也在 JACKIE 记日记时，适当地加入自己的一些感受和体会，甚至把李校长的国旗下课程进行剖析和延伸，引申出一些深层的意义。

2014 年 3 月 3 日 星期一 天气:晴间雨 心情指数:★★★★★

下午的国旗下班队会，我也举了好多次手，老师好几次都叫我起来发言。我跟老师交流时，老师问我:"要做好孩子还是做坏孩子?"我说:"我要做好孩子。"老师说:"为什么呢?"我就说:"因为做好孩子以后长大会有一份好的工作。"老师又说:"那你为什么不做坏孩子呢?"我说:"因为坏孩子会被老师批评，当着大家的面很不好意思。"晚上，我和爸爸说:"我以前就是有一点儿坏孩子的毛病，上课有时候会做一些小动作，但是现在我变成好孩子了。"爸爸就说:"你一直都是好孩子，以前上课偶尔做小动作、不能专心致志地听讲什么的都只是一些小缺点而已。"我就明白了，每个好孩子都可能也有一点点缺点。爸爸说:"对啊，并不是说有缺点的小朋友就不是好孩子了，不是这样的。"我说："那有缺点的好孩子就是表现一般的好孩子,那也还是好孩子。不过,坏孩子只要通过努力,改正了自己的坏习惯,也可以变成好孩子。"爸爸说："对啦,表扬。"不过爸爸还说,其实他觉得,每一个孩子都是好孩子,只是有些孩子缺点稍稍多一点儿,有些孩子缺点要少一点儿而已,我们尽量改掉自己的缺点,发扬自己的优点,每天都有一些进步,让缺点越来越少,优点越来越多就好了。我觉得爸爸说得对,因为每一个孩子都是可爱的天使。

受李校长国旗下课堂的启发,我将"好孩子"的定义为 JACKIE 进行了进一步的诠释,让她明白"每一个孩子都是好孩子""每一个孩子都是可爱的天使"的道理。从而,也帮助她正确地看待自己和他人身上的优缺点。

JACKIE 在幼儿园时,是一个显得有些内向、表现力稍有缺乏的孩子。在进入滨海小学之后,我们发现她的性格变得越来越开朗、活泼了。对很多事情都有一些自己的想法和主见,也变得比较大胆,敢于表达自己的想法了。这些进步,都和国旗下课程的教育与引导是密不可分的。

2014 年 6 月 10 日 星期二 天气:晴 心情指数:★★★★★

今天上午,在下课的时候,我正在和同学们玩,看见李校长走过来了。于是我对李校长说："校长,我有句话想跟您说。"李校长停了下来,微笑着说："好啊,那你说吧。"我就说："为什么您在国旗下讲话只请高年级的同学回答您的问题,都不请一年级的同学回答?"她拍拍我的头,亲切地对我说："我也请了一年级的同学的,下次你把手举高一点,这样校长就看见你了,再请你来回答好吗?"我说:"好啊,谢谢李校长。"就像爸爸所说的那样,李校长是一个和蔼可亲的人,我喜欢李校长。

当天 JACKIE 在记日记时讲起这件事,JACKIE 妈妈和我都为 JACKIE 的这一举动感到吃惊。一个 7 岁的小学一年级学生,会想到而且主动和校长沟通自己的想法,我们不能完全了解这到底是一种勇敢,还是冒失,但孩子勇于正面地表达自己的真实想法,应该是一件好事。

从这件事上也看得出来,滨海小学的孩子们有多么喜爱国旗下课程。孩子们不仅仅是被动地倾听和接受,他们还在争先恐后地积极参与,希望与李校长进行互动,哪怕还只是六七岁一年级的孩子们。

通过 JACKIE 的"国旗下日记",我们深深地感受到,滨海小学的国旗下课程早已经不是简单的国旗下讲话和国旗下课堂了,而成为有计划、有系统、有后续力的《国旗下课程》了。

新的一个周一又即将到来了,下一个周一李唯校长又会在国旗下课程中为孩子们播洒下怎样美好的心灵物语呢?在周一晨曦的普照下,在悠扬的国歌声中,滨海小学的国旗又将再一次冉冉升起。我们欣喜地看到孩子在国旗下课程的影响、引导和教育下,健康、茁壮地成长!我们乐见孩子们在五星红旗下充满阳光地成长!

3. "生命自觉"的幸福教子历程

六(6)班 胡珺妈妈 陈永平

每当看到如今大学生的各种各样的负面新闻报道,我就为他们感到可惜。纵然满腹经纶,成绩突出,然而行为恶劣,品质低下,又有什么用呢?又怎么能被称为人才呢?要成才,首先要成人。"首孝悌,次谨信,有余力,则学文"。

一直以来,我和孩子的爸爸信奉孔子的育人观念,对孩子的教育首先源于家庭教育,最重要的是人品的教育。小学阶段正是培养孩子优秀品质和行为习惯的关键时期,帮助孩子树立为人处世的正确价值观,建立人生坐标,具备拥有人生梦想并付诸实践的能力,这才是孩子真正所需的成功特质和必修功课。庆幸的是,学校已经将孩子所需要的这些成功特质内化成孩子的一种生命自觉,以别具一格的"国旗下课程",在国旗下庄严地为孩子播下一颗美好而强壮的童年种子,而家庭则是让这颗童年种子健康成长的土壤,与学校共同孕育其发芽长叶并最终结出累累硕果。如今伴随李校长的"国旗下课堂"的进一步升华,与孩子在国旗下共同成长中的温馨片段历历在目……

记得三年级第一学期的开学第一周,孩子在"我有梦想,尚待实现"的"国感"中写道:我有一个梦想,就是要当主持人。所以我要好好学习,说一口流利的标准普通话。

为了实现梦想,孩子每个周末都会召集亲朋好友来家里,举行朗诵比赛,为支持孩子实现梦想,自认语言天赋极低的孩子爸爸也踊跃参加,乐在其中。不到一年,孩子成为学校广播站的主播,并担当每周班会主持重任。于是乎,就有了他在听完了香港一自行车教练的胖厨师勇夺亚运会自行车金牌的故事后的感叹:我们每个人都要对自己负责,只要设定好目标,坚持去做,梦想终会实现!

四年级了,孩子听故事的同时,开始与爸爸妈妈一起思考琢磨,于是,一个个的人生道理在国旗下课程中慢慢悟出。在《大象和蚂蚁比力气》的故事中,孩子在"国感"中如此写道:在我的同学当中,有的学习不好,但却是田径赛场上的跑步健将;有的语数英学得不好,但却是科学达人;有的写字不好,但却是画画高手……我觉得我身边每个人都有很棒的地方,我很乐意同他们做好朋友,取他们之长,然后不断进步,而这将是多么美好的事情啊!

在听了《闻过则喜》的故事后,孩子深刻剖析自己:在生活中,我觉得自己就没有做到闻过则喜,相反变成了闻过则捂。比如老师批改我的作业将错误圈出来,但我在订正的时候总是会很不情愿地写上正确答案,同时还将错误涂掉,这不是明显的闻过则捂吗?其实凡是人,都会犯错误,而且往往是因为疏忽或无知,但经过他人指出,虚心接受,闻过则喜,事情就变得明白了。这是古人都明白的道理,我为什么不能做好呢?以后我一定改正!

在学习最美司机吴斌叔叔"勇敢承担责任"的事迹后,

孩子坚定地写道:我要向吴斌叔叔学习,在努力学知识的同时,认真学习做人,做一个好人,做一个有用的人,做一个尽职尽责的人!孩子把点点滴滴的感悟都写在"国感本"上,慢慢地形成了孩子的行为习惯。

记得四年级下学期期中考试后的一次家长会上,沿着孩子特别制作的欢迎卡的指引,我惊喜地找到了一枚珍贵的"戒指",霎时间,一股巨大的幸福撞击着我的胸口,这是一种任何语言都无法形容的幸福感。我想起了那是孩子三个月前的承诺:要用最多的奖励积分为妈妈换回一枚特别的戒指。孩子的感恩、懂事,孩子的守信让我感动至极。为了践行诺言,孩子放弃了他最喜爱的机器人玩具,可以看出,孩子具有的坚韧的意志力足以抵抗各种诱惑。正如孩子每次参加社会实践,可以抗拒各种玩具和零食的诱惑,只为省下钱给爸爸妈妈买纪念品一样。而这一切的一切,只因播下了健康的童年种子,并在孩子那里茁壮成长。

上五年级了,孩子变得更懂事成熟,很多时候,都会热情邀请我和他爸爸加入学校的"早间八点档",就这样,周一的午餐就自然变成了国旗下课程专题讨论会,在"吃透"校长讲话内容的同时,更成为一家人的思想大餐。最重要的是,我们将"国旗下课程"中的内容真真切切地贯穿到我们实际生活的一言一行中。结合"班级公约,你遵守了吗?",我们制定了行之有效的"家庭公约"并每时每刻都在影响全家人的行为准则,激励一家人的生命自觉。

在学习"习惯决定命运"的课程后,孩子帮忙罗列出一家人的好习惯和坏习惯,然后采用加减法,改掉坏习惯,强化好习惯,共同分享彼此的进步。就这样,一家人在和和美美的日常生活中演绎出一曲又一曲的"生命自觉"乐章。向来没有时间运动的孩子爸爸现已养成了雷打不动的早起锻炼的好习惯,并感染了孩子和我。每天早上天刚蒙蒙亮,篮球场上都会出现我们一家人快快乐乐追逐奔跑的身影,时间一长,吸引了其他家庭的参与。如今每到周末,体育馆篮球场上都会出现一群由家长和孩子 PK 的篮球队伍,引来路人驻足喝彩。因为"生命自觉"的引领,我们感受到了别样的幸福和欢乐!

为了不让孩子输在起跑线上,如今的家长们每到节假日领着孩子频繁奔走于各种各样的特长班、培优班,醉心于孩子的奥数冠军、钢琴十级。幸运的是,我的孩子被"落下"了,我们在大山里追逐彩蝶,在小河里摸鱼捉虾,在运动场上尽情挥洒汗水,"生命自觉"的教育无处不在,如影随形,快乐是孩子成长永恒的主题!

太阳升起来了,新的一天开始了,明天一定比今天还要好!

4. 静待花蕾迎风笑

二(7)班　黎曜歌家长　彭彦冰

一个春光明媚的周末早晨,我精心侍弄着我种的几十种玫瑰花。黎曜歌跑过来投给我一个甜甜的微笑之后，便蹲在地上仔细观察起花儿来。

"妈妈，这棵花为什么枝都断了？"他指着一棵只剩下花头的花苗问。

"因为它的枝条比较硬，之前被风吹折了，我就索性把它都剪断了，让它重新抽芽，这样会长得比较好。"

"……噢，它残疾了。"黎曜歌惋惜地说。

"放心，只要根是健壮的，它一定会重新枝繁叶茂的。"我边继续着手里的活儿边安慰他。

"妈妈，您一定要多照顾它，它比其他的（花苗）更需要。"他一本正经地叮嘱我。

"哦？"我没有接话，正在想如何引导他阐述内心的想法，他已经打开了话匣子。

"以前您不是给我讲过一个故事，一个小男孩用和健全的狗狗同样的价格买了一只瘸腿的小狗，因为他说'生命是平等的'。我们李校长也讲过，残疾人更需要尊重和关爱。"我没想到几年前给他讲的故事他还记得，并且能和校长讲的联系起来。

"是的，人、动物、植物，这世界上的生命都需要平等地对待，善待世界，善待自然，善待生命，就是善待我们自己。"

"嗯。对啊。"他点头，也不知道他是否真的全然明白。

"你认为它要苗壮成长除了我的精心照料之外，还需要一些什么？"我喜欢和他聊天，他的小脑袋里是个有趣的世界。

"嗯……"他想了一下说："蚯蚓？"

"呵，还有呢？想一想你的名字。"我提示他的名字是因为"曜"字有太阳光的意思。

"噢，我知道啦，太阳，万物生长靠太阳嘛。"

"阳光、雨露、温度，和精心的照顾，这些都是外部的条件。"我继续引导。

"关键还要靠它自己努力生长！"黎曜歌抢答正确。

"这个用你们滨海小学的办学理念来讲是什么？"我也不确定他能不能答对。

"积极主动？生命自觉！"他的表情从思考到舒展，带着笑意的眼睛里亮晶晶的。

"呵呵！"我用赞许的眼神望着他。"'生命自觉'这四个字里包含了非常多的意义，你要慢慢去摸索、体会它。"

"您早就说过啦，考察了那么多学校，最终选择让我读滨海小学就是因为您看到我们校长的那句话。"他拿起喷壶，给玫瑰花喷起雾来。

"哪句话啊？"我明知故问。

"珍视童年价值，培育生命自觉。"他故意用朗诵的方式说出这句话。

"什么叫'童年价值'呢？"我试着抛给他一个难题，看看7岁多的二年级小学生会给我一个怎样的回答。

"就是说，一个人在小的时候，也就是童年的时候，养成的习惯非常重要，有很高的价值。"他尽力组织语言来表达他的理解。

"这里说的'价值'跟这盆花值多少钱是一样的意思

吗?"我给问题加码。

"那肯定不一样啦。"

"是的,不一样。童年的价值是指人在童年时养成的习惯,形成的世界观、人生观、价值观十分重要,它很大程度上决定着你成长为一个什么样的人。"

"对,我就是这个意思。"黎曜歌一副我说出了他心里话的样子。为了证明他也是这样想的,他在花丛中搜寻着什么。"您看,这棵花不是生来就是这个样子的吧?"他指着一棵藤本的玫瑰花问我。

"嗯,它可以长成灌木,也可以将它的枝条缠绕成各种造型。"我饶有兴致地配合着他的话题。

"那您必须在它(枝条)小的时候就得给它做造型吧?等它长大了,枝条硬了就掰不过来了。所以说,这就是童年的价值。"眼前的儿子活像一位声情并茂的演讲者。

"啪啪啪……"我为他鼓掌并竖起大拇指,"讲得好,儿子!"我的心里很是欣慰,不由感叹:"哎呀,种花不容易,养儿子更费心啊。看到花儿开了很开心,看到儿子长大了更欣慰呢!"

黎曜歌举着两个胳膊做出大力士的动作,表示他已经长大了,各种搞怪的表情和动作把我逗得哈哈直笑。

"大力士儿子,你能折断这根枝条吗?"我指着一根足有我的大拇指粗细的花枝问他。

"当然能,小意思。"他信心满满。

"那要是 10 根这样粗的枝条绑在一起,你能折断吗?"

"开玩笑！那我怎么可能折得断?"他的声音高了八度。

"1根很容易折断，10根在一起就很难折断,这说明什么?"

"团结就是力量,团结就是力量,这力量是铁……"这孩子还唱起来了。"我们校长说了,团结协作力量大,众人拾柴火焰高。"

看着又唱又跳活泼可爱的儿子,觉得人生如此美好。我走过去和儿子拥抱了片刻,接过他手里的喷壶说:"谢谢你帮我干活儿。"

"不客气妈妈,我们校长说了,要学'三生'教育,做阳光少年。"

"'三生'教育?"这回我可不是明知故问。

"是啊,生存、生活、生命——三生。"他点着手指数。

"是不是要你们学会生存、懂得生活,并让生命有意义?"

"对啊。妈妈您也听到我们李校长在国旗下的讲话了吗?"儿子脸上露出"您是怎么知道的"的表情。

"我没你这样的福气能听到李校长的讲话。总听你说'我们校长说了'这句话,你能告诉我她都说些什么吗?"

坐在我腿上的儿子一下一下地踢着小腿,边回忆边说:"说了很多啊,比如说要经常复习啊,要做时刻准备好的人啊,要尽力做认为正确的事啊,要注意安全啊,不能高空抛物啊……"其实看着他想得很努力的样子我并不介意,我不介意他是不是牢记所有内容,我更看重的是,校长的讲话是否已经内化成了孩子的思想和行动。在这个世界上,能够拥有影响孩子一生的力量的人无外乎父母和教师。我很欣慰滨海小学的教育细致、有爱,符合儿童心智发展规律。我很赞赏滨海小学的校长能够开辟国旗下的讲话这样一个平台与孩子们对话交流。

"儿子,我要感谢你们李校长。她带领了一个很优秀的教师队伍,她教给了你们很多有用的道理。"我抱着黎曜歌由衷地说道。

"妈妈,其实我觉得校长说的有很多都是您和爸爸说给我听过的。"

"你是我们的孩子,我们自然会用心地爱你教育你。校长把你们所有的孩子当成自己的孩子一样去爱去教育,这正是我们都应该感恩的,对吗?"

"对。我们长大了,(对社会)有用了,她就会很开心的。"

"就像妈妈看到这些美丽的玫瑰开花一样。"

"妈妈,它也会开花的吧?"儿子指着那棵"残疾"的花苗问。

"会的,它也会开出美丽的花来。你们学校的墙上不是印有一句话吗?"黎曜歌马上和我一起大声说道:"孩子就像玫瑰花蕾,有不同的花期。最后开的花,与最早开的花一样美丽。"

儿子笑嘻嘻地跑开了,书房里传来他的歌声,原来是我写的那首《我爱滨海》……

    这里有青草芬芳，

    这里有鸟语花香。

    你让我沐浴阳光，

    你给我欢乐健康。

    这里有未来闪亮，

    这里有光明希望。

    你为我插上翅膀，

    你教我学会飞翔。

    啊，滨海滨海，我爱滨海！

    这是我梦发芽的地方，

    我从这里精彩启航。

    啊，滨海滨海，我爱滨海！

    这是我分享爱的地方，

    我在这里茁壮成长！

5. 播种"真善美"

二(9)班　李佳琪爸爸　李先兵

    每当太阳升起来了，

    每当红旗飘起来了，

每当叽叽喳喳的小鸟歇上枝头，
突然一切又静悄悄了。

有个声音，娓娓地从国旗下飘过来，
"寸有所长，尺有所短"。
似乎在说，
人有长处也有短处，彼此都有可取之处。
没有一个人全是优点，也没有人全是缺点。
这时候，枝头有只小鸟歪着小脑袋，
心想这是"真"。

还是那个熟悉的声音，徐徐地从国旗下吹过来，
"只有友爱，没有伤害"。
似乎在说，
当别人伤害你，就要像字写在沙子上随风带走。
当别人帮助你，就要像字刻在石头上一样记住。
这时候，枝头那只小鸟歪着小脑袋，
心想这是"善"。

依然是那个熟悉的声音，严厉地从国旗下传过来，
"禁止高空抛物"。
似乎在说，
高空抛物，损人不利己。
高空抛物，己所不欲勿施于人。

这时候有只小鸟歪着小脑袋，
心想这是"美"。

仍旧是那个熟悉的声音,悠扬地从国旗下传过来
"有能力帮助别人是件幸福的事"
似乎在说,
先要让自己掌握本领
并用自己的能力帮助他人就会找到幸福！
这时候有只小鸟歪着小脑袋，
心想这是"生命自觉"。

就在这样一个国旗下课程里，
那只小鸟苗壮成长。
就在这样一个国旗下课程里，
那只小鸟懂得什么是真善美。
就在这样一个国旗下课程里，
那只小鸟形成了生命自觉。

就这样一课课的熏陶，
我们这些年轻的爸爸妈妈因为选择了滨海而自豪！
就这样一课课的颂唱，
这个世界也因此充满了力量！

6. 女儿的"国感"本

六（6）班　王彦君家长　王栋昌

四年级上学期开始，女儿的班主任何老师要求她班的学生，把参加国旗下课程活动的感想写成书面文字，并打印成电子稿发送给她，以便选择写得好的在全班交流分享。这项要求，从开始至今何老师实行了两年半，女儿也坚持了两年半。两年半来，她的写作水平不仅有了较大的提高，思维观念、品行表现也有了较大的进步。这些成长变化，得益于滨海小学特有的国旗下课程活动的深入开展。

我校的国旗下课程，一般是由李唯校长在周一升旗仪式上做国旗下讲话，下午班队会由各班级围绕讲话主题，结合实际开展主题班队会活动，之后学生写感想，并与家长交流参加国旗下课程活动的体会。女儿把每周要写的参加国旗下课程的感想专用一个作文本来完成，她告诉我这个作文本简称"国感"本。因为她打字较慢，电脑发送的操作还不太熟练，所以"国感"打印和发送给何老师的事基本上由我来完成，协助她做这些事，使我能比较详细地了解她的作文情况。

两年多来，女儿的"国感"一篇不少。六年级上学期，国旗下课程开展了 17 次活动，她写了 17 篇"国感"，题目如下：（1）尽力做好事；（2）建设新宝安要靠你我他；（3）马娇的选择；（4）宝安的足迹；（5）收获文明礼仪；（6）盲人节；（7）垃圾是不会被骂进垃圾桶的；（8）提高警惕，预防拐骗；（9）阅读筑梦，阅读圆梦；（10）讲究秩序文明；（11）火灾的预防；（12）小举动，大文明；（13）成功源于责任；（14）敬人者受人敬；（15）团结协作力量大；（16）不怕一万，就怕万一；（17）温故而知新。以上是摘自她"国感"本中的目录部分。正因为有这项活动和她的不懈努力，她的作文水平有了较快的提高。记得刚写"国感"时，她只能记录李校长在国旗下讲话中的故事或几句她自己印象较深的话，每篇只有一两百字，大部分写得像日记一样；到五年级时，班主任何老师要求学生既要复述李校长在国旗下讲话中的主要内容，又要结合班队会活动，写出自己的感想，于是她的"国感"内容写得较长了，一般都有三四百字；六年级开始，老师要求他们不具体复述国旗下课程中的故事、话语，直接根据课程主题写自己的独立见解，她每篇也能写四百字以上。

再看看她上面的作文题目，我详细对照过李校长国旗下讲话的原稿标题，她有 5 篇题目完全一样，9 篇题目自己做了部分改动，还有 3 篇题目自己做了更改："消除行动障碍，促进平等融合"改成"盲人节"，"小举动，大文明"改成"讲究秩序文明"，"学而时习之，不亦说乎？"改成"温故而知新"。我们常说"题好一半文"，她能根据国旗下讲话的主题修改自己的"国感"题目，并认为改动的题目比较适合自己的"国感",可见女儿写作鉴赏能力的提高。

我在查看她的"国感"时,与她交流过,告诉她每周的国旗下课程程序差不多,但是活动的主题都不同,在写"国感"时,也可以考虑"国感"文章形式与内容的变化,防止千篇一律,可以从写"国感"的开头做起。其实就是要求她在写作技巧方面能灵活多变,把文章写活。从此她的"国感"开头改变了初写时大都是"今天李校长在国旗下讲话的主题是……"的现象,下面摘录的就是她在上文所列"国感"题目中的几篇开头片段:其一,"今天是开学的第一天,学校举行了隆重的升旗仪式,李校长又开始给我们讲故事了……";其二,"开心的星期一又到了,升旗仪式是每周少不了的活动,可是李校长今天会给我们讲什么呢?我带着好奇的眼神开始聆听……";其三,"一到星期一就有一种莫名的激动感,今天的激动感更强了,因为是李校长出国考察了好几周回来给我们做国旗下讲话……";其四,"时间过得飞快,又到了星期一,我们又要举行升旗仪式了。虽然今天下起了毛毛细雨,但是丝毫没有影响我们的好心情……";其五,"'老师、同学们,大家好!'一声甜美的问候,开启了新的一周。今天李校长给我们讲的就是——不怕一万,就怕万一……"以上开头片段足以看出她对相同活动,不同的描写方式。

小学生作文写错别字是常见的现象,我女儿也不例外,帮女儿打印"国感"成了我校正她写错别字的极好时机。"的""地""得"三个结构助词是不少教师在写文章时容易出现混用的文字，女儿开始在"国感"中也经常错用，我曾经给她多次说过这三个词的使用方法、规律：用在名词前面并修饰这个名词的一般用"的"字，比如我"的"书；用在动词前面并描述这个动词的一般用"地"字，比如飞快"地"走过；用在动词后面并表示动作程度的一般用"得"字，比如走"得"快。这些语法知识，比较抽象，仅用告诉，她还是掌握不好。然而结合她自己撰写的"国感"中的使用错例进行辅导，她就容易理解和感悟了，因为语境是她自己撰写的。以下是摘自她在五年级写"国感"中用错这三个词的例子："时间一周一周的过去"（此句中"的"应该改为"地"）；"课前准备我们班做地比较好"（此句中"地"应该改为"得"）；"走起路来像兔子得速度一样快"（此句中"得"应该改为"的"）。现在，她基本上学会了这三个词的使用方法。

写"国感"，其实是在写议论文。我们知道，小学语文的作文教学主要任务是学习写记叙文，议论文的写作是初中语文教学中才开始有要求的，因此作为小学生能围绕某个主题写四百字以上的议论文，已经是相当不错的写作水平了。长期坚持这样的写作，能够引导启发孩子对生活中人与事的认识及其价值判断，提高孩子做人的品质和做事的水平。在五年级下学期一篇题为《换个角度看吧》的"国感"中，有这么一段话让我印象深刻：

我们班一个同学，他不仅很调皮，学习成绩也不好，但是在"缤纷节"表演时，他既会跳爵士舞，又会变魔术，看他的表演，让我们对他赞不绝口。从此，我对他的看法改变了许多。以后，我不能只看别人的缺点，也要看别人的优点，这样才能比较全面地看待一个人。

虽然只有短短的 118 个字，女儿辩证思维方式，对立统一哲学思想的幼芽清晰可见。国旗下课程活动带给她的这种思维观念，是小学学科教学很难获得的，但是，它是后续学习和工作必不可少的。

在五年级《宽容与感恩》这篇"国感"中她写道：

我有时候也会宽容别人。排队出操站在我后面的王同学经常踩到我的鞋子，我会宽容她。可是回教室的时候，王同学又不小心踩了我一下，这时我告诉他："请不要再踩我的脚了。"我虽然是个比较宽容的女孩，但是我是有底线的，如果超过了我的底线，我也有不宽容的时候：别人把我的东西乱丢，拿我的东西不告诉我，这时我会非常生气地说他们。今后我要注意把握底线，注意分寸，与同学友好相处。

在此，我看到了女儿待人处事不卑不亢的心态，看到了女儿的成长。

有一篇《雅安有难，滨海有情》的"国感"中，女儿写到如下一段文字：

我在网上看到一个关于这次地震的故事：一个女孩，她聪明地应用了应对地震的方法，在她被埋之后，爬了 16

个小时从废墟中爬了出来。真是坚强又有办法！看来，学好预防地震的知识非常重要，那个女孩就是用了预防地震的知识胜利地生存下来了。

这个报道我也看到过，只是一看而过，没有想过什么？如果没有相关主题的国旗下课程活动，女儿在电视上看到这样的报道时，也许不会有"真是坚强又有办法！看来，学好预防地震的知识非常重要，那个女孩就是用了预防地震的知识胜利地生存下来了"的感叹，更不会有对掌握预防地震知识非常重要的感受。

国旗下课程已经成了女儿的生活方式，日之所见，夜之所想，无不显示课程育人的影子。

一天中午，我打开洗手盆的龙头，想用热水洗手，因为热水器流出热水的水管连接到洗手盆有一段距离，先要将冷水放掉，才能接到热水。我在等热水到来的时候，冷水一直在流失，女儿看到，拿着一个盆儿飞快地冲过来接水，还说道："李校长在国旗下讲话中告诉我们要节约用水，难道在家里就不要吗？"我一边听着，一边感到内心有一股暖流在涌动，分不清这股暖流是源自热水器还是我校国旗下课程。

笔者作为滨海小学的一位教师，也是滨海小学的学生家长，见证了国旗下课程及其对学生的教育作用，其效果是其他课程育人功能无法达到的。

感谢国旗下课程以及那本伴随我女儿成长、成人的"国感"本！

7. 让他三尺又何妨

四(5)班　崔翊尧家长　熊丽霞

周末夏日的午后,车缓缓地开在回家的路上,凉爽的车厢内,儿子突然说:"妈妈,李校长这次给我们讲了一个历史故事,我以前没听过的。"

"哦?"我一愣,随即反应过来,是说周一国旗下课堂啊。儿子对历史最有兴趣了,他乐于讲给我听,与我分享感受,且听他复述。

"说是清朝的一个大臣,叫……张英,他老家建房子,家人和邻居吵起来了,要他回家,以大官的身份来压邻居。"

"嗯,他回了没有?"我接口道。

儿子摇头:"他没有,他没回去,只是回信写了一首诗,校长念给我们听了。"

儿子想了想,吟出来:"千里修书只为墙,让他三尺又何妨,万里长城今犹在,不见当年秦始皇。"难为儿子竟然一听就记住了,能完整地背出来,比背课文可快多了。

"好诗啊,好有气魄,好宽广的心胸,好一位谦谦君子!"我听完不禁顿感"心底无私天地宽",古仁者之心胸令人景仰!

"写得出这样的好诗,他一定是大学士、庶吉士之类的了。"我问道。

儿子连忙说："李校长说，他就是历经康雍乾三朝的大清重臣张廷玉的父亲，康熙时候的大学士、庶吉士。"儿子对中国历史已经颇为了解。

"哦……，那，后来呢？"

"他家人看见回信后，主动退让三尺，而邻居也感动了，也退让了三尺，总共六尺，所以那条巷子叫六尺巷了。"

儿子紧接着说道："李校长说，心地宽广的人不应该在意一点小小的得失。"

我深深地吸了一口气，心里由衷佩服。

"尧，这个故事让我想起之前你说坐你后面的同学老用课桌挤你，是吧？"我问道。

"是啊，他老挤我，都把我挤得顶在桌子和椅背之间了，我又挤回去，他又挤过来，真烦！"儿子烦恼得蹙眉。

"是啊，其实可能就是这样谁也不让谁，才挤来挤去的。"我表示认同，儿子也点头。我轻轻松松地接下去说："或许，你是不是可以想想李校长讲的这个故事……"我说完，微笑着看着儿子。

"或许……我就让让他……"儿子睁大眼睛，似是问我，又似是自问。

我立刻接上："让他三尺又能何妨？"

"让他三尺又何妨？"儿子的眼神渐渐亮起来，眉头一下舒展开了，手握成拳下意识挥了一下，"嗯，让他三公分又能何妨！"儿子爽朗地哈哈一笑，眉宇间豁然开朗。

车渐渐远离夏日骄阳，行驶在一路树荫下，放眼前方，一片绿色,阴凉怡人。

我们都知道,人的一生有时候缺少的就是一两句点拨或者指点,对于我们的孩子,我一直深感教育处处皆留心,在每周一次的国旗下,喜见儿子在潜移默化中渐渐有了"国感"的性情,有了一些从容大气在他身上渐渐凝聚沉淀,心中对李校长躬行不缀的"国旗下课程"由衷生出感激。

一个人能走多远,要看他与谁同行;

一个人有多优秀,要看他靠谁点拨;

一个人有多成功,要看他跟谁相伴。

儿子和滨海小学的所有孩子们一起,戴着红领巾,在激昂的国歌声中,伴随着每周一的小故事渐渐长大,他们汲取的养分将深深地印刻在成长的岁月中,提醒他们未来走好每一步,这每周一特殊的风景,在每个孩子的小学六年中,与我们家长一起,齐心协力,共同托起明天的太阳!

8. 播下一颗种子

毕业学生罗元君家长　陈利云

了解滨海小学的人都知道,国旗下课程是我们学校的品牌,它像一面旗帜引领着全体师生甚至是家长。我作为学校老师也是一名家长,在国旗下课程这个文化大餐中,我想从一个家长的角度分享国旗下课程对孩子的影响。

国旗下课程播下了正义、善良的种子

孟子曰:"我善养吾浩然之气。"每周一李唯校长的国旗下讲话,便能给孩子们播下"浩然正气"。校长通过一个个富含哲理的小故事、身边的榜样、校园案例跟踪……让学生明白什么该做,什么不可以做。从而也让孩子养成了正气凛然的气质。

罗元君现在是深圳中学初中部领袖团的成员,因此,经常参加学校组织的一些活动。学生处安排他记录老师的上课情况,内容有是否迟到,上课有没有听电话、抽烟、拖堂等。当我第一次发现这张表时,看到表中的记录,确实吓了一跳,便与孩子扯开话题,聊了起来。闲聊中发现孩子大有包公铁面无私、正气凛然的气概。我很担忧孩子记录某老师会引起不满,对孩子不利。虽然我也是老师,但我觉得老师也是人,这也是人之常情。可又不能明显制止孩子,便很委婉地提出我的想法,没想到孩子反应很大,觉得我没有必要,他只是实事求是地记录,且有学校给他们撑腰……唉,我还能说什么!

国旗下课程给孩子播下了一颗善良的种子。每当孩子看见乞丐的时候,总会不由自主地掏出一些零花钱递给他。有一天,我们一家讨论起轰动深圳的新闻:东门老街的乞丐都是骗人的,他们是有人专门操纵乞讨的。讨论完我问儿子:"现在你见到乞丐,还会拿钱给他们吗?"儿子想了想坚定地说:"会的。""为什么呢?""每当我看到那些乞丐,我就觉得他们很可怜,再说,你怎么能判断他是真的还是假的呢?如果大家都不伸出援助之手,那么这个社会将变得冷酷无情,虽然我给的不多,但我相信他会觉得很温暖。记得小学李唯校长在国旗下倡议全校为"地贫儿"丘斯桔捐款吗?我们应该给那些弱势群体传递一些正能量!"孩子的话让我感动,儿子,我为你骄傲!

国旗下课程培养了自信、思辨的精神

罗元君自小比较内敛,自上滨海小学主持班队会以来,胆量有了较大的进步,人也变得自信了。经过班队会的讨论,孩子逐渐养成了能思善辩、不畏强权的精神。

有一次,他坐地铁回家途中碰到了清华大学的一位教授。他们谈论起交换人生的话题,下面是孩子的日记:

那天我去书城,因忘记将《读者》带回宝安,只得回家拿,在回程的地铁上,忍不住读起里面的文章来。越看越上瘾,完全沉浸其中了。

冷不防,一只厚实的大手掌亲密地裹住了我的肩膀。我往旁边看去,原来是一位和蔼的伯伯看着我,我警惕了。

"你几岁了?"我马上紧张起来,身上似乎已经冒出了汗。"我呀……十三岁。""哦,十三岁?你看得懂这个吗?"他问。"看……看得懂。"我的声音有点儿小,显得很虚。

过了一会儿,他说:"咱俩换换吧。""什么?"我不明白他在说什么。"我和你握个手,然后你就变成我,我就变成你。"他提出的问题让我莫名其妙,当我是三岁小孩吗?这又不是童话故事。"不了,没兴趣。"他见我不买账,极力怂愚我,但我仍然一根石柱,绝不动摇。

当时也不知怎么想的,我问:"和您换了,我不就吃亏了!""怎么会,我可是清华的!"

我听了一惊。"你不信?"说完他掏出一小盒名片。"跟我换了你也没有好处呀!""怎么没有,我就是想再体验一下小时候的读书生活。再说了,你就不用再吃苦了嘛。"

"那请问为什么您想再吃一次苦呢?"

他没想到我将了他一军,"我就是想再吃一次苦……""我还是亏了呀!"

他没说话,不一会儿,他要下车了,"想好了再给我打电话。"他做了一个手势就下车了。

回到家,我上网查了一下,嘿,还真是他,石教授(清华大学教授:石振宇)。接着,我斗胆给他发了一条信息:

"教授好,刚才我们在地铁站见面了。地铁上人很杂,所以我想保持一种警惕是有必要的。我叫罗元君,深圳中学初一(9)班学生。您说的交换人生,我想应该是办不到的,即使可以,恕我直言,我也不愿意。因为就算有了像您说的那样渊博的知识,没有经验也一无是处。人学来的知识大多会忘掉,但留下来的是学习方法。学习的方法是需要自己琢磨的,现在的我是学习'方法'的重要阶段,无论如何我都不会换。再说青春嘛,还是要体验一下滴……"

过了一小时,他回来信息说他也同意我的看法,并鼓励我再接再厉,而且还会帮我。

所以说,事情的观点没有绝对的对错,若我真和他换了,我也许立刻拥有他所有的成就,可却少了体验拼搏的滋味,因为这也是一种享受,现在我有自己的梦想,我有目标去拼搏。我要为自己的梦想、目标而活,而不是光追求一些物质上的东西,忽略了精神上的享受。

国旗下课程开阔了视野,提高了写作水平

为了这个分享,我特地采访了孩子,他自己也认为国旗下课程给他的影响是很大的,感受最深的是每周一他们都会很期待李唯校长的国旗下讲话,因为校长总能用很多生动的富有哲理的故事吸引他们,其内容包罗万象,知识广泛,上有天文下有地理,通古博今、名扬中外的事例举不胜举。由此大量的文学素材的浸泡,给孩子提供了大量的写作素材。

常言道:"开卷有益。"我想多写也是一样的道理。几年下来孩子每周的国旗下感言也收集成了一本集子。现在发现孩子写议论性的文章特别出色,《晶报》《特区教育》《远灯》等杂志报纸均有文章发表。孩子的作文本上,经常留下老师的赞言。

记得《晶报》老师给孩子《走了》这篇文章的评语写道:感动往往来自平凡生活的细微之处,最平实的语言往往能给人以心灵的震撼。小作者截取了自己生活的几个片断,语言简练通俗,情感真挚感人,看似平淡,实则深沉。非常棒,加油!

滨海小学国旗下讲话由单一的德育教育阵地逐渐转变成课程,变成孩子们喜欢、家长称赞、社会认同的多元的

教育平台。

9. 选择

六(3)班　巫雨菲家长　陈杨

晚上,我的朋友发来一条信息,星期天想借我们家的车用一天。我很矛盾,想到星期天上午女儿要去梅林和福田上钢琴课和长笛课,如果不开车去,会不方便。正当我对这事犹豫不决时,女儿从房间里走了出来,于是,我把这个问题抛给她,让她来拿主意。

我对女儿说:"王阿姨发信息来,星期天想借我们家的车用一天,是借还是不借啊?"

我没想到女儿乐哈哈地说道:"马娇的选择:借!"

听她这么说,我一头雾水,搞得哭笑不得。我用责怪的口气说:"什么马娇,牛娇啊? 正经点儿,帮妈妈出出主意,这车到底借,还是不借?"

"妈妈,刚才我不是说了,马娇的选择:借啊!"女儿再次强调说。

"可明天你要去上长笛课啊!"我说道。

女儿却说:"妈妈,王阿姨向你借车,没有直接打电话而是发信息给你,她可能有顾虑,不好意思打电话开口说出来,所以才选择发信息给你,你不借给她,她会伤心的。何况我们明天可以坐地铁、坐公交车去啊!"

没有想到女儿会将心比心。心里暗暗感到高兴。于是,我好奇地问女儿:"马娇是谁? 你刚才怎么说是马娇的选择啊?"

女儿很神秘地对我说:"妈妈,这是星期一李校长在国旗下给我们讲的一个故事'马娇的选择'。"

"快说给我听听,是怎么回事?"我迫不及待地说。

这时,只见女儿得意洋洋地说:"滨海小学国旗下讲话现在开始:这是发生在全运会赛场上的一个真实的故事。2013 年 9 月的某天,在帆板比赛中,郝秀梅因心情紧张,风浪汹涌,掉进了海里。这时,她的对手马娇经过这里,马娇看到了,二话不说,把郝秀梅救上了帆板,自己却不得不放弃了比赛,放弃比赛也就意味着放弃了四年的辛苦努力……"

听女儿讲到这里,我对女儿说:"一个运动员辛辛苦苦参加训练,为了救队员,就放弃了比赛,太遗憾了!"

这时,女儿把手一拍,大声说:"你和我们班一些同学想到一块去了。我们班也有同学是这样想的。"

"马娇的选择,太冲动了。"我还是强调自己的观点。

女儿继续对我说:"我班在开展国旗下课堂班队会时,班上有同学说马娇是个傻子! 也有同学说马娇是为了名利才这么做的。"

听女儿说到这里,我茅塞顿开:在名利与生命面前,我们应该关注生命。于是,我告诉女儿,马娇的选择当然是正确的,世界上没有比生命更为重要的,只有生命才是最可贵的。

女儿朝我点了点头。我接着对女儿说:"菲菲,生活中我们经常要做出各种选择,就像你们学习中的选择题一样,不用心思考,就会做出错误的选择。"

女儿说道:"就像我们曾经学过的一篇课文《钓鱼的启示》中的男孩在父亲的教导下遵守规则,把钓到的一条大鲈鱼放回湖中。"

我情不自禁地对女儿说:"这就是对诚实守信的选择。其实,人生的价值也就在做选择时体现出来了。"

突然,女儿对我说:"妈妈,您还记得,李校长在国旗下给同学们讲的'最美司机——吴斌叔叔'吧。"

我没有打断女儿的话,只见女儿咽了一下唾液,慢慢地对我说:"吴斌,他生前是杭州长运公司的一名普通的大巴司机。一天中午,他驾驶大巴从无锡返回杭州,车上载有 24 名乘客。车正在高速公路上行驶,一块大铁片突然从天而降,像炮弹一样击碎挡风玻璃后,砸向吴斌的腹部和手臂。普通司机遇到这种情况,首先想到的是躲避飞来的异物,要么趴下,要么猛打方向盘避开,但是容易引发翻车等事故。但是吴斌又是怎么做的呢?他没有紧急刹车或猛打方向盘,而是强忍疼痛让车缓缓减速,稳稳地停下车,打起双闪灯,拉好手刹,打开车门,疏散旅客。凭着惊人的意志力尽职尽责地把大巴稳稳地停下来,保障了车上 24 位乘客的安全……"

女儿一口气就把吴斌的英雄事迹讲了出来，听女儿说到这里，我便说："是啊，他的事迹感动了中国人，他被称为'最美司机'。"

我对女儿说："我们经常会面临种种选择，要做出正确的选择，得靠个人的境界与修养。"

此时，女儿大声宣告："孟子曰：'鱼，我所欲也；熊掌，亦我所欲也。二者不可得兼，舍鱼而取熊掌者也。生，亦我所欲也；义，亦我所欲也。二者不可得兼，舍生而取义者也，友谊是珍贵的……"

没等女儿说完，我马上拿起电话，回复了朋友，我决定星期天把车子借给她。发完信息，我望着女儿，说："有车很方便，友谊价更高，我们把车借给王阿姨。"

女儿调皮地说："李校长国旗下讲话果然有魅力啊！妈妈都从中受启发了！"

"是啊，你们学校有没有国旗下课程开放日？我真想去听听！"

菲菲无比自豪地说："当然有啊，有机会，您一定要去看看。"

今天，与女儿的一番对话，使我深深体会到：滨海小学国旗下课程真好，李校长有真知灼见，能想到这么好的教育途经，让孩子们每周星期一听她在国旗下讲故事。一个个小故事，却从中明白大道理。

能在滨海上学,真好啊！ 我的女儿能选择滨海小学读书,真好啊!

10."瞎子点灯——白费蜡"的新解

四(3)班　周宇轩家长　周会英

又到了一个崭新的周一,晚上,我像往常一样一边给孩子的作业签字,一边问孩子今天国旗下课程讲了些什么。可孩子不像以前那样滔滔不绝地给我描绘国旗下课堂的精彩故事,而是小眼睛滴溜溜转了一圈,对我说:"妈妈,考你一个歇后语吧?"

"好呀! 考什么歇后语呀?"我反问道。

"瞎——子——点——灯!"儿子一字一字地说,生怕我听错了似的。

"白费蜡呀!"我脱口而出。

"那您觉得这个瞎子点灯,有意义吗,妈妈?"

"当然没有意义了,孩子,这个歇后语就是形容做一些没有意义或白费力气的事。"我怕孩子没听明白,又继续说:"瞎子的眼睛本来就什么也看不见,无论白天还是晚上,他点着灯照样还是看不见呀! 所以说,瞎子点灯——白费蜡呀!"

"妈妈,您说得不对!"孩子斩钉截铁地对我说,"我们李校长今天在国旗下课堂,就是给我们讲了一个《瞎子提灯笼》的故事,这个瞎子提的灯笼不仅方便了自己,还给别人带来了方便呢!这可不是您说的白费蜡,而是做了一件很有益的事呀!"

这下,孩子可把我绕糊涂了,我疑惑不解地问孩子:"啊?为什么这样说呀?可不可以给我解释解释呀!"

孩子叫我放下手中签字的笔和本,一本正经地对我说:"黑夜里,瞎子走路将会发生三种可能:一是被别人撞倒;二是被障碍物绊倒;三是走进死胡同。如果瞎子在黑夜里提着灯笼走路,则将会发生另外三种可能:一是照亮了别人,避免被撞倒;二是给别人提醒有障碍物,避免别人被绊倒;三是别人可以善意地为瞎子指明通路,避免走进死胡同。"

顿时,我惊讶了,一个四年级的孩子竟能讲出这么富有哲理的话!我连忙给孩子竖起了大拇指!

孩子却竖起了食指左右摇了摇,说:"No,no,no!这些道理都是我们李校长在国旗下课程告诉我们的!"

顿时,一阵感激之情油然而生,我觉得我们的孩子能在滨海小学上学真是太幸福了,国旗下课程的经典故事和深刻道理不仅教会了孩子做人的道理,而且也给我们家长带来深刻的反思!

为了弄清楚孩子有没有真正明白《瞎子提灯笼》的寓意,我问孩子:"那你觉得你在生活中该怎么理解这个故事呢?"

"例如,以后我在小区里玩,再看见小孩扔的香蕉皮,我不会绕着走开了,也不会叫清洁工来打扫了,我会主动捡起来,这样我不会踩上去滑倒了,别人也不会滑倒了!我做的这个好事就是方便了我自己,也给别人带来了方便,还给小区带来了干净呢!是不是这样,妈妈?"孩子歪着小脑袋问我。

我点了点头,又对孩子竖起了大拇指!

"妈妈,我这是一举三得也!"孩子兴奋得手舞足蹈!又跑到他爸爸的书房,去炫耀他的新故事去了……

看着孩子快乐的背影,我由衷地感谢学校领导在每个周一的国旗下课程带给孩子精彩纷呈的故事!四年了,原来孩子的每个周一的早上都是这么快乐,这么有收获!今天,我听孩子讲了"瞎子提灯笼"的故事,感受到了一个校长每周短短几分钟的国旗下讲话对孩子的影响力,远远胜过我们家长说无数遍的道理,甚至比我们严厉的要求孩子要有效。在这样的讲故事中,让孩子自己提高领悟能力,自觉形成一种规范自我,提升自我的能力,李校长真是功不可没。由此引发我的一种深思,以后,我要和孩子一起向李校长学习,和孩子一起成长进步,我还会继续向孩子打听学习国旗下课程的那些事儿!

后记
"四段式"国旗下课程整合与变革实践

　　长期以来,国旗下讲话一直是中小学德育的一种固定活动,活动的形式和讲话的内容也逐渐模式化。在很多学校,从老师到学生,大家似乎都觉得国旗下讲话只是一种过场,流于形式且枯燥、乏味,并没有起到应有的德育实效。那么如何推陈出新,赋予国旗下讲话更多适于学生生长的教育意蕴? 如何使其成为能影响学生生命成长的真实有效的课堂? 如何让学生受益,并享受、期待着每一次国旗下讲话的到来? 带着这样的思考,自2008年伊始,我先后在深圳滨海小学、红树林外国语小学和教师们一起展开了国旗下讲话课程整合与变革实践。

(一)"四段式"国旗下课程生成

　　四段式国旗下课程与传统的国旗下讲话无论从内涵还是外延都已经发生了很大的变化。在时间维度上,国旗下课程从周一早上开始,贯穿到周一全天,甚至延伸到整个一周;在空间维度上,国旗下课程从操场上的升旗台开始,延伸到班级里、家庭中,甚至社会上;在人物维度上,国旗下课程不仅仅包括校长,还包括教师和学生,甚至包括家长;在事件维度上,国旗下课程不仅仅包括讲话,还包括讨论、总结和对话。国旗下课程历经十年实践,形成了独具特色的"校长主讲——主题班会——家庭讨论——实践感悟"四段式国旗下课程模式,把社会主义核心价值观引入到校园里、课堂中,有效地促进了学生的健康成长。

1. 校长主讲

校长作为学校办学理念的阐释者,他应该是学生教育的积极倡导者、贯彻者和落实者,而不是一个外围打转的管理者、指导者和说教者。国旗下讲话这样一个天然集中的场合给校长提供了开辟自己面对全体师生的教育空间的机缘,而且具有其他课堂形式所不具有的特色和优势。十年来,我坚持每周一早上在国旗下讲话,风雨无阻(如遇特殊天气,就在校电视台直播进行)。讲话以学生喜欢的故事形式呈现,内容有学生身边的榜样、同龄人的故事,有中外名人事迹,也有当下社会发生的一些真实的教育案例。这些故事让学生感觉到自己就是其中的主人公,感同身受。我尽量使自己远离一个训导者的角色,而是作为一个教育者、贴心人,和学生们进行真诚地交流和互动,清楚地向他们传递着我对他们的某种期待。学生们可以登上升旗台自由地表达自己的观点,并对我说的内容做出他们自己的判断和评价。对于学生们来说,每周一的早上都可以听到校长以一个朋友的身份给大家讲故事,那种感觉是亲切而又自然,舒心而又坦然的。但校长主讲仅仅只是起到了抛砖引玉、引发学生初步思考的作用,它还需通过主题班会让学生们参与讨论,畅所欲言,听听不同的意见,进一步进行思考,最终把学生们引入思维的正堂。

2. 主题班会

国旗下课程不能只停留在升旗台这一固定场所,不能让学生只是听听校长讲话而已,还应该有后续的跟进,周一下午班会课让学生有机会对早晨听到的讲话内容进行思考和内化。班会课上,班主任老师从早上的国旗下讲话的主题展开,联系班上学生的实际情况,通过多种活动和形式,组织学生对早晨还没有消化的内容进行思考和沉淀,让学生能够对早晨可能有的那种震撼、同情、愤怒、快乐、理解、赞同等情感进行重新梳理、重新沉思,在讨论和碰撞中表达自己的观点,发表自己的看法,说出自己的疑问,并得到一定程度的解答。中、高年段的班级,班主任甚至大胆启用学生来担当主持人,组织全班同学讨论。学生包揽了黑板上的主题词书写、主题画的布置,甚至还利用午休时间搜集材料制作精美的PPT。老师在小主持遇到

"难题"不会处理时,便适时地出声引导学生们在潜移默化中树立正确的是非观和积极的人生观。主题班会让师生共同在理智、思维和判断的条件下重新探讨由早晨的校长讲话引发的思考,让教师得以走进学生中聆听他们的发言和心声,也让同学间有机会听到不同的意见和看法,从而真正转变为个体某种经验的东西。这对于锻炼学生的独立思考能力、表达能力、分析能力起到了良好的作用。

3. 家庭讨论

国旗下课程把家庭作为课程很重要的一部分来开发和应用,学生下午放学回到家,向家长讲述早晨校长讲的故事,讲述下午班会课讨论的过程、同学的观点、自己的观点、自己的认知态度,并询问家长的态度和观点,同家长展开讨论。家长就这样很自然地被引入到课程中来、引入到教育的场中来。这一环节把课程延伸到了家庭中,和家庭教育形成了合力,达成了共识,促进了家长和孩子的共同体验、共同成长,取得了显著的教育实效。很多班级还建立了班级博客,家长们在博客上畅谈自己的心得以及孩子的变化。

4. 感悟实践

在经历过校长讲话、主题班会、家庭讨论这三个环节后,学生还需要梳理一天的思绪,通过独立思考形成自己的感悟,并把自己的感悟真实地记录下来。通过这个环节,学生把一天的经历最终转化为个体的经验沉淀下来。在接下来的学习生活中,教师和家长还会引导学生去自觉践行,从而把经验内化为个体的行为。

(二)"四段式"国旗下课程的本质

在"四段式"国旗下课程实践中,我们始终坚持从儿童立场出发,从教育规律出发,从课程结构出发三原则,使得国旗下课程能够以一个完整的、系统的姿态展现自己。完成了从单纯的讲话到互动的课堂,再到立体的课程,最后到学校文化生成与师生生命成长四次转化。

1. 坚持从儿童立场出发

所谓从儿童立场出发,就是要遵循儿童的发展规律,把握儿童的心理特点和认知特点,能够按照儿童所喜欢的方式展开课程。儿童教育工作者首先应该读懂儿童并按照儿童规律办事。从儿童出发,把儿童放在教育的中心,是国旗下课程得以立足的根本。鉴于儿童喜欢活动胜过训话、喜欢参与胜过收听、喜欢故事胜过说教、喜欢丰富胜过单调的心理特点,在国旗下课程实践中,十分注重让故事进入课程,并尽量以与学生互动的方式予以呈现,让儿童有机会表达自己,吸引儿童积极参与到课程中来,从而获得课程实施的有效性。

2. 坚持从教育规律出发

　　教育的对象同其他社会活动对象不同,它是人对人的一种有计划性的活动,有着其自身的规律。在"四段式"国旗下课程的开展中,我们始终遵循教育发展的规律,遵循着个体生命成长的规律,课程的生成与发展过程始终坚持生命的维度。课程的安排是循序渐进自然展开的,而不是揠苗助长、急功近利的,采用的是熏陶和浸染式的因势利导,而不是灌输和命令式的强迫性说教。教育是一项综合性的事业,这里的综合性不仅体现在培养儿童综合素质上,也体现在教育的利益相关者上,包括教师、学生、家长以及社会。国旗下课程始终保持开放的姿态,让所有教育的利益相关者都能参与其中,成为国旗下课程中的不可缺少的一环。

3. 坚持从课程结构出发

　　课程是有序规划的经验组织。课程所提供的经验必须是一个有组织的、系统的集合。"四段式"国旗下课程既有时间上的跨度,也有空间上的跨度,构建了具有时间、地点、人物、事件的多维教育空间。我们制定了国旗下课程标准,从不同的课程目标(接触、掌握、理解、技能、情感等)出发,根据不同层次的需求安排不同的内容,在不同的时间节点上对儿童产生有益的、有力的影响,从而最终对儿童产生教育意义。国旗下课程还注重反馈和评价,建立了反思的长效机制。

(三)"四段式"国旗下课程的内容

"四段式"国旗下课程的内容丰富,主题涉及范围比较广,既有关心人类前途和命运的保护环境的话题,又有联系国家大事、身边小事等内容的话题,更多的是发生在学生周围的小故事。在近八年来国旗下课程中,内容分别涵盖了"梦想愿景、爱国爱家、文明教养、关爱感恩、阅读审美、健康安全、尊重宽容、诚信责任、学习创新、合作交往"十个主题篇章,并在实践中探索出了可供学生课堂讨论及课后实践的问题、内容。

在选择国旗下课程故事主题的时候,主要考虑了以下三个方面的内容。

一是尽量从学生的身边来。说学生身边发生的故事,不仅便于学生理解,引起学生的重视,也容易让他们产生情感上的共鸣,进而让学生有话可说。比如针对学校洗手间卫生状况不佳的情况,讲了《你有良好的卫生习惯吗》;针对同学间发生的争执,讲了《懂得尊重会让你赢得更多的尊重》。对这些发生在学生身边的事及时给予褒奖和批评,不仅帮助学生及时建立正确的是非观,也让学生意识到校长和老师总是在自己身边，关心着他们的生活起居、学习和发展，觉得自己是被重视被关爱的，从而充满了对老师的信任。

二是尽量同当下相呼应。每个时期都有不同的任务和具体内容，每个时期也有自己的重点和要求。国旗下课程的内容尽量把握当下最为大家关心和最为重要的问题，始终把握时代的脉搏，跟上时代的步伐。比如倡导环保精神的《今天你低碳了吗》；雅安发生地震时的《雅安有难 滨海有爱》；《我们听到了13亿年前的声响》则用年初人类发现"引力波"的热点话题激发学生热爱科学的创新精神。这些与当下相呼应的主题选取，不仅开阔了学生的视野，还锻炼了学生的思维。

三是内容尽量丰富。学生发展包括很多方面，即使难以照顾到所有方面，也需要尽量丰富课程的内容，让学生受到多方面的教育。如学习安全，自我保护，学习、生活习惯，品德养成等，都成为了课程的内容。比如《爱国，从身边的小事做起》《垃圾是不会被骂进垃圾桶的》《如果没有天使，那就自己做天使吧》《不要比坏》《想象力是创新的源泉》，这样安排课程内容，既有利于学生的全面发展，也有利于保持学生的兴趣，而不至于使学生对同一个话题产生厌烦情绪。

（四）"四段式"国旗下课程的成效

1. 促进学生健康成长

国旗下课程立足学生立场，以学生为本，为学生提供了丰富的德育内容，具有生成性和动态性的特点，学生既是课程实施的经验者，也是课程生成的参与者。学生的观念、行动和反思都渗透到国旗下课程的整个实践过程中。学生在国旗下课程中学习并总结出时间管理、学习策略、自我监督、心情调节、卫生健康等知识和技能，提升了自觉参与、自觉讨论、自觉反思、自觉交流的品质，从而获得了健康成长。

2. 促进教师专业发展

国旗下课程丰富了教师对于课程的理解。教师能够从经验这个角度重新理解课程，"经验"以及"经验的组织"更加深入教师的心中。教师的眼界更加开阔了，对于教育的把握更加准确了，能够把正规课堂外的时间、活动和人物予以思考、整合；甚至把包括家庭在内的外在环境与实践都纳入学生的教育内容之中，纳入影响学生的教育因素之中，这促进了教师对于教育的理解。国旗下课程为教师提供了一个参与学校课程研究和学校文化建设的一个重要途径,通过国旗下课程实现了教师的生命自觉,实现了教师的专业发展。

3.促进学校转型变革

通过国旗下课程,滨海小学和红树林外国语小学都踏上了转型与变革之路,逐步实现了观念转型、管理转型、结构转型和意识转型。在观念层面上,国旗下课程无论是在内容上,还是在形式上,都强调了对于儿童生命价值的关注,要体现学生立场,实现学生的生命自觉;在管理层面,管理目的从原先形成一个有序的环境转变为形成一个有利于学生安全、健康成长的环境,管理方法从传统的简单粗暴向多样化、多元化和充满温情的方式转变,管理人员配置上使教师在管理班级和学生中更加具有主动性,把权力下放给学生,突出了管理中的学生作用,使教师和学生参与到学校的管理、发展和建设中来;在结构层面,最重要的方面是学校向外的开放,建立了学校和家庭之间的联系,通过国旗下课程,让家庭参与到学校的教学和运行中来,使家长参与到孩子的教育中来,形成教育的合力;在意识层面,国旗下课程把学校的内在要求放在第一位,能够坚持从学校的根本任务和根本目标出发,呼吁生命重归教育,鼓励了教师专业发展和儿童的生命自觉。

"四段式"国旗下课程形成了一条完整的教育链。学生们开始期待每周一早晨校长讲故事,争先恐后地登上升旗台发表自己的观点。班会课上,即便是那些在某些科学习中并不出色的同学也表现雀跃,他们表达之流畅,观点之独到常常让老师们惊喜不已。在批阅学生们所写的国旗下感想时,老师们感慨学生们的写作水平有了长足的进步,他们可以不拘形式、有感而发、自由表达,所以文章显得特别有内容。家长们通过和孩子们一起讨论国旗下的话题,找到了和自己孩子沟通的有效方式。于是,每周一早上升旗的时候,许多家长便驻足于学校的围墙外。很多已毕业的学生以及他们的家长每每忆起母校,竟然对国旗下课程念念不忘。

2014年9月22日,7月刚毕业的胡珺同学家长陈永平女士在她的微信朋友圈中写道:送儿子上学后回家的路上,爱车竟不知不觉地驶向了儿子刚毕业的小学——滨海小学。每周一早间八点档的"大餐"岂能错过?半个小时的等待之后,孩子们老师们纷纷登场。还是那熟悉而温暖的校园晨曲,还是那铿锵有力令人热血沸腾的军乐。校长的讲话依旧热情洋溢,孩子们的发言依旧积极踊跃,家长们的旁听依旧聚精会神。我很高兴听到了校长讲到学校这学期为孩子们安装了直饮水,从此孩子们不用担心没带水或者自带水不够的问题。然而任何新东西在使用初期都有或多或少的问题和烦恼,于是乎校长的演讲"直饮水机的烦恼"就顺理成章地应运而生了,而且立马得到了同学们的"共鸣",从孩子们争先恐后登上升旗台发言就可想而知这"共鸣"有多强烈了!如何做一位文明守纪学生的教育之火也就此点燃了！家长们都说学校的"周一早间八点档"像是一把把火，点燃了孩子们好的行为习惯，也点燃了孩子们的远大理想。

李　唯